高职高专教育“十二五”规划建设教材

基础会计技能训练

（会计及管理专业用）

韦云凤　徐艳　主编

中国农业大学出版社
·北京·

内容提要

本书是《基础会计》教材的配套教材，为培养学生的岗位操作技能，增强学生的分析和判断能力，本书针对高职高专学生的学习特点，按行动导向教学理念编写而成。全书对应《基础会计》教材的章节内容，系统设计会计工作过程的岗位技能训练。本书适用于高职高专基础会计课程教学、会计岗位培训及各类会计人员自学。

图书在版编目(CIP)数据

基础会计技能训练/韦云凤，徐艳主编. —北京：中国农大学出版社，2011.8(2015.9 重印)

ISBN 978-7-5655-0315-3

Ⅰ.①基… Ⅱ.①韦…②徐… Ⅲ.①会计学-高等学校-教学参考资料 Ⅳ.①F230

中国版本图书馆 CIP 数据核字(2011)107045 号

书　　名　基础会计技能训练

作　　者　韦云凤　徐艳　主编

策划编辑　董　田　伍　斌　　　责任编辑　李丽君

封面设计　郑　川　　　责任校对　王晓凤　陈　莹

出版发行　中国农业大学出版社

社　　址　北京市海淀区圆明园西路 2 号　　　邮政编码　100193

电　　话　发行部 010-62818525，8625　　　读者服务部 010-62732336

编辑部 010-62732617，2618　　　出　版　部 010-62733440

网　　址　http://www.cau.edu.cn/caup　　　e-mail cbsszs@cau.edu.cn

经　　销　新华书店

印　　刷　涿州市星河印刷有限公司

版　　次　2011 年 8 月第 1 版　　2015 年 9 月第 2 次印刷

规　　格　787×980　　16 开本　　10.5 印张　　114 千字

定　　价　20.00 元

图书如有质量问题本社发行部负责调换

编写人员

主　编　韦云凤（广西农业职业技术学院）

　　　　　徐　艳（辽宁农业职业技术学院）

副主编　张　怡（黑龙江农业职业技术学院）

　　　　　陆红霞（新疆农业职业技术学院）

　　　　　陈小英（福建农业职业技术学院）

参　编　王翊覃（湖南环境生物职业技术学院）

　　　　　刘莹莹（信阳农业高等专科学校）

前 言

按照以学生为主体，培养具有实践动手能力和创新意识的会计应用型人才的目标，我们组织编写了与《基础会计》教材配套的实训教材——《基础会计技能训练》。通过相应的技能训练，学生能够充分运用会计的基本理论、基本方法，具备的会计核算的基本操作能力。

实训教材在开发设计过程中，以“行动导向”作为指导教材开发的基本原则。对理论知识和实践技能进行整合，确立模拟会计岗位工作任务的情境化的教学内容，使教学的过程不是简单地传授会计知识而是教会学生完成工作任务所需要的实实在在的技能。配套教材设置了与各章节相对应的行动任务前后衔接。教师指导学生完成相应会计工作任务完成“教”的过程；学生在完成工作任务的过程中，不断学习新的知识和技能来完成下一阶段的任务，在“做”的过程中完成“学”的过程，当学生完成所有的行动任务，也就具备了从事会计岗位所需要的职业能力。《基础会计技能训练》真正实现将基础知识、应用技术能力和职业素质的培养转化为学生实践能力、就业能力、创业能力、创新能力。

本书由韦云凤和徐艳担任主编，张怡、陆红霞、陈小英担任副主编。本书共分九章，其中：韦云凤编写第一章和第五章、徐艳编写第八章和基础会计综合技能模拟实训、张怡编写第六章和第九章、陆红霞编写第三章、陈小英编写第四章、王翊覃编写第二章、刘莹莹编写第七章。全书最后由韦云凤进行了修改和总纂。

本教材提供各实训参考答案，请教材征订者向出版社索取（电话：010-62732783）。

鉴于考虑不周全或水平有限，本书在体系安排和表述上的不足之处在所难免，恳请读者批评指正。

编 者

2011 年 4 月

目 录

第一章 总 论

实训一 会计核算的前提条件

一、实训目的

判断企业会计核算的前提条件。

二、实训资料

某企业的利润表如下：

利 润 表

会企 02 表

编制单位：红星公司　　2010 年 8 月　　单位：元

项　　目	本期金额	上期金额
一、营业收入	300 000	
减：营业成本	50 000	
营业税金及附加	15 000	
销售费用	20 000	
管理费用	15 000	
财务费用	30 000	
资产减值损失	0	
加：公允价值变动收益(损失以“－”号填列)	0	
投资收益(损失以“－”号填列)	150 000	
其中：对联营企业和合营企业的投资收益	0	

（续表）

项　　目	本期金额	上期金额
二、营业利润（亏损以“－”号填列）	320 000	
加：营业外收入	200 000	
减：营业外支出	150 000	
其中：非流动资产处置损失	0	
三、利润总额（亏损总额以“－”号填列）	370 000	
减：所得税费用	92 500	
四、净利润（净亏损以“－”号填列）	277 500	
五、每股收益：	（略）	
（一）基本每股收益		
（二）稀释每股收益		

三、实训要求

该企业没有任何涉外经济业务，根据以上资料，运用会计准则，确定会计主体、记账本位币、会计分期。

实训二　会计核算的基础

一、实训目的

运用权责发生制与收付实现制判断会计主体各期的收入和费用。

二、实训资料

绿乐食品股份有限公司 2011 年 1 月份发生以下经济业务：

1. 销售面包一批，收入 20 000 元，收到现金。
2. 收到上月的货款 1 000 元，存入银行。
3. 以银行存款 1 000 元支付去年 12 月份的电费。
4. 销售面包一批，收入 8 000 元，货款尚未收到。
5. 以银行存款 1 000 元支付第二季度的报刊费。
6. 收到预定产品的定金 3 000 元，存入银行。
7. 以现金支付办公用品费 120 元。
8. 支付 2011 年全年的保险费 10 000 元。

9.用现金支付本月职工的养老保险费16 000元。

三、实训要求

1.根据上述业务分别运用权责发生制与收付实现制判断绿乐食品股份有限公司2011年1月份的收入和费用,并完成下表。

业务	权责发生制		收付实现制	
	收入	费用	收入	费用
1				
2				
3				
4				
5				
6				
7				
8				
合计				

2.根据上表的填制结果，讨论权责发生制与收付实现制的区别。

第二章　账户与复式记账

实训一　会计要素的内容

一、实训目的

了解资产、负债和所有者权益的内容。

二、实训资料

有下列会计要素的具体项目：库存现金、短期借款、应付账款、实收资本、应付职工薪酬、盈余公积、交易性金融资产、应付票据、固定资产、预收账款、银行存款、应交税费。

三、实训要求

指出哪些项目属于资产，哪些项目属于负债或所有者权益。

实训二　会计要素的分类

一、实训目的

熟悉会计要素的分类。

二、实训资料

黄河公司 2010 年 4 月 30 日财务状况如下：

1. 库存现金 850 元。
2. 向银行借入的短期借款 360 000 元。
3. 银行存款余额 1 180 000 元。
4. 已预收金达公司购货款 150 000 元。
5. 应付大众公司货款 850 000 元。

6. 应向长江公司收回的未收货款 120 000 元。

7. 库存的原材料价值 165 000 元。

8. 库存的 A 产品的价值 350 000 元。

9. 房屋及机器设备价值 799 150 元。

10. 投资者投入资金 800 000 元。

11. 本月应交税费 455 000 元。

三、实训要求

根据上述实训资料分别确定所属的会计要素类别。

实训三　会计要素的关系

一、实训目的

熟悉资产、负债和所有者权益的内容及其关系。

二、实训资料

黄河公司 2010 年 4 月 30 日资产、负债和所有者权益资料(单位:元)如下:

序号	项　　目	金额	资产	负债	所有者权益
1	库存现金	600			
2	存放在银行的货币资金	95 000			
3	生产车间厂房	280 000			
4	各种机器设备	330 000			
5	运输车辆	250 000			
6	库存产品	75 000			
7	车间正在加工中的产品	86 500			
8	库存材料	85 000			
9	投资者投入的资本	800 000			
10	应付的购料款	142 000			
11	尚未交纳的税金	6 570			
12	向银行借入的短期借款	72 000			
13	应收产品的销货款	115 000			
14	采购员出差预借差旅费	2 000			
15	商标权	250 000			

（续表）

序号	项　　目	金额	资产	负债	所有者权益
16	发行的企业债券	317 000			
17	开办费支出	95 000			
18	盈余公积结余	68 530			
19	法定财产重估增值	126 000			
20	未分配利润	132 000			
合　　计					

三、实训要求

根据资料将各项目的金额分别填入相应的资产、负债及所有者权益项目栏，并分别加计资产、负债及所有者权益金额的合计数，判断资产和权益的关系。

实训四　会计要素的增减变动

一、实训目的

分析经济业务的发生引起会计要素增减变动的情况。

二、实训资料

龙华公司本月发生下列经济业务：

1.以短期借款 100 000 元偿还前欠珍珠公司购货款。

2.用盈余公积 260 000 元转增资本。

3.收回长治公司前欠部分货款 65 000 元存入银行。

4.以银行存款偿还前欠大众公司购货款 78 000 元。

5.以银行存款支付水电费 25 000 元，其中生产车间耗用 20 000 元，管理部门耗用 5 000 元。

6.投资人（李茗）投入全新设备 400 000 元，作为追加投资。

7.销售产品一批，收到货款 160 000 元，存入银行。

8.从银行提取库存现金 4 500 元备用。

9.国家投入公司资本金 630 000 元，存入银行。

10.生产车间领用 A 材料 28 000 元，用于产品生产。

三、实训要求

分析上述经济业务的发生引起哪些会计要素的增减变动。

实训五　会计科目及其分类

一、实训目的

熟悉会计科目按经济内容分类。

二、实训资料

黄河公司 2010 年 4 月 30 日财务状况具体项目如下：

1. 存放在出纳处的库存现金 960 元。
2. 正在加工中的在产品 85 000 元。
3. 本月应交税费 500 000 元。
4. 房屋及建筑物 2 800 000 元。
5. 应付给黎民公司的材料款 456 000 元。
6. 存放在开户银行的款项 2 559 040 元。
7. 向银行借入 3 年期限的借款 3 380 000 元。
8. 存放在仓库中的生产用材料 454 000 元。
9. 所有者投入的资本 3 700 000 元。
10. 机器设备 2 700 000 元。
11. 应收新兴公司的货款 590 000 元。
12. 存放在仓库中的已完工 B 产品 510 000 元。
13. 以前年度积累的未分配利润 880 000 元。
14. 应付本月职工工资 783 000 元。

三、实训要求

1. 判断上列各项应用的会计科目名称及所属会计要素类别，填入下表(单位：元)：

序号	项　目	会计科目	资产	负债	所有者权益
1	存放在出纳处的库存现金	库存现金	960		
2					
3					
4					
5					

（续表）

序号	项　　目	会计科目	资产	负债	所有者权益
6					
7					
8					
9					
10					
11					
12					
13					
14					
	总　计				

2.试算资产总额是否等于负债加所有者权益总额。

实训六　总账科目与明细科目

一、实训目的

熟悉会计科目按提供指标详细程度的分类。

二、实训资料

大华公司现在用的部分会计科目、子目和细目如下：

1.应付黄河公司货款
2.应交税费
3.固定资产
4.应收长江公司货款
5.原料及主要材料
6.甲产品生产成本
7.原材料
8.应付账款
9.辅助材料
10.应付华为公司货款
11.商标权
12.应收账款
13.润滑油
14.生产成本
15.C材料
16.生产用固定资产
17.销项税额
18.机器设备
19.无形资产
20.应收海尔公司货款

21. A材料　　　　　　　　23. 乙产品生产成本

22. 应交增值税

三、实训要求

分析上列会计科目中哪些属于一级科目？哪些属于二级科目？哪些属于明细科目？参见下表做法填入。

一级总账科目	二级子目	三级细目
应交税费	应交增值税	销项税额

实训七　账户基本结构

一、实训目的

熟悉借贷记账法的账户基本结构。

二、实训资料

龙华公司部分账户的数据(单位:元)如下表所示:

账户名称	期初余额	本期借方发生额	本期贷方发生额	借或贷	期末余额
库存现金	4 000	2 000			4 750
银行存款	75 000	50 000	91 000		
应收账款		52 300	43 000		17 000
长期借款	50 000		25 000		45 000
实收资本	150 000		0		150 000
无形资产	67 000	5 400			56 500
原材料		6 450	8 670		7 410
应付账款	2 000		1 500		2 100

三、实训要求

根据各类账户的结构关系，计算并填写上表的空白。

实训八 会计分录

一、实训目的

采用借贷记账法，运用会计科目，练习会计分录的编制。

二、实训资料

大地公司 2010 年 4 月份发生下列经济业务：

1.2 日，收到投资者投入机器设备一台，价值 360 000 元。

2.5 日，以银行存款 85 000 元归还前欠东方红公司材料款。

3.7 日，采购员李强预借差旅费 900 元，以库存现金支付。

4.9 日，购入原材料一批，价款计 40 000 元，增值税 6 800 元，价税款均以银行存款支付。

5.10 日，向银行借入 4 个月期限的短期借款 70 000 元，存入银行存款账户。

6.12 日，将库存现金 2 800 元存入银行。

7.15 日，向东方红公司购进原材料一批，价款 300 000 元，增值税 51 000 元，以银行存款支付 200 000 元，其余暂欠。

8.18 日，生产车间为生产产品领用材料一批，价值 223 000 元。

9.24 日，向银行借入长期借款 530 000 元，直接偿还前欠长城公司货款 360 000 元，振作公司货款 170 000 元。

10.27 日，采购员李强出差归来报销差旅费 1 000 元，不足部分以库存现金补付。

11.29 日，管理部门购入办公用品，金额 560 元，以库存现金支付。

三、实训要求

根据上列实训资料，采用借贷记账法编制会计分录。

实训九 登记“T”字形账户与编制试算平衡表

一、实训目的

练习借贷记账法的运用。

二、实训资料

桂冠公司 2010 年 4 月份各账户期初余额(单位:元)如下表所示:

会计科目	借方余额	会计科目	贷方余额
库存现金	650	短期借款	130 000
银行存款	750 000	应付账款	106 900
生产成本	5 350	实收资本	1 600 000
应收账款	450 000	应交税费	200 000
原材料	380 000	累计折旧	420 000
其他应收款	900		
固定资产	870 000		
合　计	2 456 900	合　计	2 456 900

该公司 10 月份发生下列经济业务:

1. 从银行存款户中提取库存现金 1 000 元备用。

2. 向东方红公司购进原材料一批,价款 200 000 元,增值税 34 000 元,价税款尚未支付。

3. 以银行存款购入机床一台,价款 180 000 元。

4. 采购员李海预借差旅费 980 元,以库存现金支付。

5. 生产车间从仓库领用材料 175 000 元,全部投入产品生产。

6. 收到购货单位前欠货款 125 000 元,存入银行。

7. 收到投资者投入资本 460 000 元,存入银行存款账户。

8. 购进材料一批,价款 100 000 元,增值税 17 000 元,材料验收入库,价税款以银行存款支付。

9. 向银行借入短期借款 110 000 元,存入银行存款账户。

10. 用银行存款偿还应付供货单位材料款 50 000 元。

11. 以银行存款 170 000 元,归还短期借款 130 000 元,归还应付供货单位货款 40 000 元。

12. 收到购货单位前欠货款 300 000 元,其中转账支票 250 000 元存入银行,另外 50 000 元为库存现金。

13. 采购员李海出差归来,报销差旅费 800 元,交回现金余额 180 元。

14. 以银行存款交纳上月应交增值税 100 000 元。

三、实训要求

1. 根据上述实训资料各账户期初余额表开设“T”字形账户，登记期初余额。

2. 根据上述实训资料所列的经济业务编制会计分录，并登记“T”字形账户。

3. 结账后，编制试算平衡表，检查“T”字形账户记录是否正确。

4. 讨论分析试算平衡表的作用。

第三章 借贷记账法的运用

实训一 资金筹集业务的核算

一、实训目的

练习资金筹集业务的核算。

二、实训资料

东方公司 8 月份发生以下经济业务：

1.3 日，收到路程公司的投资 50 000 元，存入银行。

2.4 日，收到华洋公司投入的全新设备一台，价值 80 000 元；收到专利权一项，价值 30 000 元，已办妥相关手续。

3.6 日，向银行申请取得为期 5 个月的生产经营借款 60 000 元，已存入开户银行。

4. 上述借款利率为 6%，利息按月计提，到期一次还本付息，计提本月利息。

5.8 日，向银行申请取得期限为 3 年、年利率为 6% 的借款 100 000 元，存入银行。

6.26 日，用银行存款偿还到期的短期借款 80 000 元及计提的利息 900 元。

7.28 日，收到昌明公司投入的机器一台，原值为 360 000 元，双方确认价值为 280 000 元。

三、实训要求

根据以上经济业务编制会计分录。

实训二 供应业务的核算

一、实训目的

练习供应业务的核算。

二、实训资料

东方公司9月份发生以下经济业务，增值税税率均为17%。

1.2日，向民生工厂购入甲材料1 000吨，每吨18元，材料发票账单已到达企业，材料尚未到达，价税款未付。

2.3日，以银行存款1 000元支付上述甲材料运费，材料到达并验收入库。

3.8日，以银行存款偿还2日民生工厂货款。

4.10日，购入乙材料100吨，每吨500元，运杂费400元价税款及运费已用银行存款支付，材料已验收入库。

5.15日，向兴达厂购入甲材料2 000吨，每吨18元，乙材料40吨，每吨500元，材料已运达企业，并验收入库，价税款未付。

6.15日，以银行存款8 160元支付上述甲、乙材料运费(运费按材料重量比例分配)。

7.20日，以银行存款30 000元预付前进工厂丙材料货款。

8.30日，已预付货款的丙材料1 000吨运达企业，每吨30元，运费1 000元，材料已验收入库。

9.30日，支付兴达工厂前欠款项6 100元。

三、实训要求

根据以上经济业务编制会计分录。

实训三 生产业务的核算

一、实训目的

练习企业生产业务的会计核算。

二、实训资料

1.12月10日，以现金发放本月职工工资计6 800元。

2.12月11日，据合同规定，预收利达公司货款20 000元，存入银行。

3.12 月 12 日，以银行存款支付本月水电费 3 000 元，其中车间 2 000 元，管理部门 1 000 元。

4.12 月 13 日，以银行存款预付下年度车间的租金 12 000 元。

5.12 月 14 日，预提本月应负担的车间固定资产大修理费用 500 元。

6.12 月 15 日，向沪光公司购入 A 材料 1 800 千克，每千克 5 元，计 9 000 元，增值税税额 1 530 元，运杂费 360 元，款项以银行存款支付，材料验收入库。

7.12 月 31 日，本月消耗甲材料 30 480 元，其中：A 产品消耗 12 680 元，B 产品消耗 17 800 元；消耗乙材料 22 100 元，其中：A 产品消耗 21 000 元，B 产品消耗 800 元，车间一般消耗 200 元，公司管理部门消耗 100 元。

8.12 月 31 日，结算本月应付职工工资：A 产品生产工人工资 3 000 元，B 产品生产工人工资 2 000 元，车间管理人员工资 1 000 元，公司管理人员工资 800 元。

9.12 月 31 日，计提固定资产折旧：车间使用的固定资产折旧 2 000 元，公司管理部门使用的固定资产折旧 1 500 元。

10.12 月 31 日，以现金支付车间办公用品费 120 元。

11.根据“制造费用”账户的发生额，按 A 产品与 B 产品生产工人工资进行分配，结转制造费用。

12.本月 A 产品(1 000 件)与 B 产品(500 件)全部完工，计算并结转本月完工入库的产品成本。

三、实训要求

根据以上经济业务编制会计分录，并登记“制造费用”、“生产成本——甲产品”、“生产成本——乙产品”“T”字形账户。

实训四　产品销售业务的核算

一、实训目的

练习产品销售业务的核算。

二、实训资料

1.销售给国祥公司甲产品 500 件，单价为 800 元，售价计 400 000 元，增值税 68 000 元，已收款 300 000 元，余款暂欠。

2.销售给华瑞公司乙产品 500 件，单价为 400 元，售价计 200 000 元，增值税 34 000 元，收到销售方开出的商业承兑汇票一张。

3.向前进工厂销售丙产品，售价 100 000 元，增值税 17 000 元。上月已预收

60 000 元,余款尚未收到。

4. 上述产品销售领取包装材料 1 000 元。

5. 结转已销售甲产品生产成本 300 000 元,乙产品生产成本 100 000 元,丙产品生产成本 60 000 元。

6. 计算本月应负担的城市维护建设税为 7 000 元,教育费附加 2 000 元。

7. 以银行存款支付本月广告费 6 000 元。

8. 预收东方公司购货款 10 000 元。

9. 以银行存款支付本月专设销售机构经费 2 000 元。

10. 以银行存款支付银行手续费 900 元。

11. 销售给方兴公司不需用 A 材料 100 千克,单价为 200 元,计 20 000 元,增值税销项税额 3 400 元,款项已收存入银行。

12. 结转本月已售 A 材料的成本,单位成本为 150 元。

13. 用银行存款支付购买管理部门的办公用品费 1 100 元。

14. 用银行存款 1 500 元支付税务部门的罚款支出。

15. 将无法支付的一笔应付账款 2 500 元予以注销,转入"营业外收入"。

三、实训要求

根据以上经济业务编制会计分录。

实训五 利润及利润分配的核算

一、实训目的

练习利润及利润分配的核算。

二、实训资料

本章实训四所给资料及编制的会计分录。

三、实训要求

1. 根据本章实训四编制的会计分录,登记损益类的"T"字形账户,并将各损益类账户的本期发生额填入下表:

____月份损益类账户发生额一览表　　　　单位:元

账户名称	借方发生额	贷方发生额
主营业务收入		
主营业务成本		

（续表）

账户名称	借方发生额	贷方发生额
营业税金及附加		
其他业务收入		
其他业务成本		
销售费用		
管理费用		
财务费用		
营业外收入		
营业外支出		

2.编写结转损益类账户的会计分录。

3.计算该企业的主营业务利润、其他业务利润、营业利润、利润总额填入下表：

____月份利润计算表　单位：元

项　目	计　算　过　程
主营业务利润	
其他业务利润	
营业利润	
利润总额	

4.按利润总额的25%计提所得税并予以结转，编写相关会计分录。

5.按净利润的10%计提法定盈余公积金，按净利润的10%计提任意盈余公积金，按净利润的20%计提向投资者分配的利润，编写会计分录。

6.结转净利润，编写会计分录。

7.结转利润分配各明细账户，编写会计分录。

实训六　企业经营过程主要经济业务的核算

一、实训目的

练习企业经营过程主要经济业务的核算。

二、实训资料

金能公司12月份发生下列主要经济业务：

1.2 日，收到国家作为投资的新设备一台，原价 25 000 元。

2.2 日，从银行取得半年期借款 80 000 元，存入银行存款账户。

3.3 日，购入生产用汽车一部，价值 80 000 元，增值税 13 600 元。货款及税款均已用银行付。

4.6 日，向 A 工厂购入甲材料 200 吨，单价 216 元，货款 43 200 元和增值税款 7 344 元均尚未支付。

5.9 日，用银行存款支付上述购入甲材料的采购费用 800 元。

6.9 日；采购员刘明借支差旅费 240 元，当即用现金支付。

7.10 日，购入乙材料 500 千克，单价 21.80 元，货款 10 900 元和增值税款 1 853元已从银行存款中支付。

8.10 日，购入上述乙材料过程中，发生运杂费 180 元，已用现金支付。

9.10 日，以银行存款支付前欠 A 工厂材料货款 43 200 元和税款 7 344 元，共计 50 544 元。

10.12 日，采购员刘明回厂报销差旅费 220 元，余款 20 元退回。

11.13 日，本月采购的上述两种材料均已验收入库，结转入库材料的采购成本。

12.16 日，本月领用材料，按其名称、数量、金额及用途汇总如下表：

材料耗用汇总表

2010 年 12 月 16 日

材料用途	甲材料		乙材料		金额合计/元
	数量/吨	金额/元	数量/千克	金额/元	
生产 A 产品耗用	100	22 000	150	3 300	25 300
生产 B 产品耗用	50	11 000	300	6 600	17 600
合　　计	150	33 000	450	9 900	42 900

13.17 日，本月申请短期借款，支付手续费用 300 元，从银行存款户开支。

14.17 日，销售 A 产品 50 件给 M 公司，每件售价 900 元，货款 45 000 元及增值税款 7 650 元已收存银行存款账户。

15.18 日，销售 B 产品给 N 公司，每件售价 1 500 元，货款 30 000 元及增值税款 5 100 元暂未收回。

16.19 日，收到 P 公司购买 A 产品的预付货款 22 000 元，已存入银行。

17.19 日，收到 N 公司偿还前欠货税款 35 100 元，存入银行。

18. 20 日，按合同向预付货款的 P 公司发出 A 产品 20 件，每件售价 900 元，货款计 18 000 元，增值税额 3 060 元，从原预收款中扣除应收货款及税款 21 060 元后，用银行存款退还剩余的 940 元。

19. 20 日，用银行存款支付销售产品的广告费 1 000 元，包装费 2 300 元。

20. 20 日，以银行存款交纳上月的应交增值税 12 900 元。

21. 23 日，对 M 公司出售甲材料 10 吨，应收价款 2 500 元，增值税额 425 元，价税款尚未收到。

22. 23 日，结转上项出售材料的成本 2 200 元。

23. 24 日，因债权人原因，原欠远方公司的应付账款 1 500 元已确实无法支付。

24. 24 日，以银行存款赞助某福利机构 2 000 元。

25. 26 日，根据有关工资结算凭证，本月共发生应付生产工人工资 19 600 元，其中生产 A 产品工人工资为 10 000 元；生产 B 产品工人工资为 6 000 元；车间管理人员的工资为 3 600 元。

26. 30 日，从银行账户中发放工资 19 600 元，划入个人工资卡。

27. 30 日，以银行存款支付管理部门办公用品费 390 元。

28. 31 日，预提应由本月负担的短期借款利息 5 000 元。

29. 31 日，本月份应计银行存款利息 3 000 元。

30. 31 日，摊销应由本月负担的财产保险费 1 400 元和报刊费 100 元。

31. 31 日，按规定计算出本月应交城市维护建设税 2 000 元，应交教育费附加 500 元。

32. 31 日，结转本月已销售产品的生产成本，其中 A 产品 50 件，单位成本 650 元，B 产品 20 件，单位成本 1 100 元。

33. 结转本月损益类账户。

34. 按利润总额的 25% 计提所得税并予以结转。

35. 结转本年利润账户余额。

36. 如果全年累计实现净利润 1 000 000 元，按净利润的 10% 计提法定盈余公积金，按净利润的 10% 计提任意盈余公积金，按净利润的 40% 计提向投资者分配的利润。

37. 结转利润分配各明细账户。

三、实训要求

根据以上经济业务编制相关会计分录。

第四章　会计凭证

实训一　原始凭证的填制

一、实训目的

通过训练掌握原始凭证的基本内容、填制方法及填制要求。

二、实训资料

企业名称：伟星公司（增值税一般纳税人）

地址：福州市和平路 139 号

电话：83467322

开户行：建设银行和平路支行

账号：08835868

纳税人登记号：1602276639826

会计人员：王芳

出纳员：杨洋

会计主管：吴红

2010 年 12 月份发生的有关交易或事项如下：

1. 1 日，开出现金支票从银行提取 5 000 元现金备用（填制现金支票）。

中国建设银行(闽) 现金支票存根 No. 22202069 附加信息 出票日期　年　月　日 收款人： 金　额： 用　途： 单位主管：　会计：	**中国建设银行现金支票(闽)**　福州　No. 22202069 出票日期(大写)　年　月　日　付款行名称： 收款人：　出票人账号： 本支票付款期限十天 人民币(大写)　百 十 万 千 百 十 元 角 分 用途 上列款项请从 我账户内支付 出票人签章　复核　记账

2.1 日，销售科职工李立赴上海开商品展销会，经批准向财务科借差旅费 3 000 元，财务人员审核无误后付现金(填制借款单)。

借　款　单

年　月　日

部　门		借款事由			
借款金额	金额(大写)　¥				
批准金额	金额(大写)　¥				
领导		财务主管		借款人	

3.2 日，出纳员将当天的销售款 95 600 元现金存入银行(填制银行现金交款单)。

中国建设银行现金交款单(回单)

年　月　日

收款单位	全称		款项来源	
	账号		开户银行	

人民币(大写)	千	百	十	万	千	百	十	元	角	分

辅币	卷别	伍角	贰角	壹角	伍分	贰分	壹分	(银行盖章) 收款员 复核

4. 6 日，开出转账支票 60 000 元，向永胜工厂预付材料款（填制转账支票）。

中国建设银行（闽）
转账支票存根
No. 22777663
附加信息

____
____
____

出票日期　　年　月　日

收款人：	
金　额：	
用　途：	

单位主管：　会计：

中国建设银行转账支票（闽）　福州 No. 22777663

出票日期（大写）　　年　月　日　付款行名称：

收款人：……………　　出票人账号：

本支票付款期限十天

人民币（大写）	百	十	万	千	百	十	元	角	分

用途______

上列款项请从
我账户内支付
出票人签章　　　　复核　　　记账

5. 8 日，向本市纺织厂购进棉布 100 匹，单价每匹 2 000 元，增值税 34 000 元，开出转账支票付款，材料验收入库（填制材料入库单和转账支票）。

供应单位：

材 料 入 库 单

发票号：111078　　年　月　日　　字第　号

材料类别	材料名称	规格材质	计量单位	应收数量	实收数量	单价	金额 千	百	十	万	千	百	十	元	角	分
检验结果：				运杂费												
检验员签章：				合计												
备注																

第二联 记账联

仓库　　　会计　　　收料员　　　制单

中国建设银行(闽) 转账支票存根 No. 22668773 附加信息 出票日期 年 月 日 收款人: 金 额: 用 途: 单位主管: 会计:	本支票付款期限十天	中国建设银行转账支票(闽) 福州 No. 22668773 出票日期(大写) 年 月 日 付款行名称: 收款人: 出票人账号: 人民币(大写) 百 十 万 千 百 十 元 角 分 用途 上列款项请从 我账户内支付 出票人签章 复核 记账

6. 10 日,向许刚销售男套装 3 套,每套 900 元(含增值税),销售男式衬衣 50 件,每件 110 元(含增值税),收到现金并开出零售发票(填制销售发票)。

福建省商品销售统一发票

客户名称及地址 发 票 联 年 月 日填制

品名	规格	单位	数量	单价	金额							备注
					万	千	百	十	元	角	分	
合计												
合计金额(大写) 万 仟 佰 拾 元 角 分												

第二联 发票联

填票人: 收款人: 单位名称:(盖章)

7. 12 日,向华都商场销售成衣,其中男套装 80 套,每套 700 元,裙装 50 套,每套 600 元(不含增值税),开出增值税专用发票。收到对方的转账支票,当日填写银行进账单送存银行(填制增值税专用发票及银行进账单)(注:华都商场地址:福州市中华路 268 号,电话:83115320,纳税人识别号:236001347826652,开户行及账号:工商行鼓楼支行 200550129)。

福州市增值税专用发票

发 票 联　　开票日期： 年 月 日

购货单位	名　称： 纳税人识别号： 地 址 、电 话： 开户行及账号：			密码区				
货物或应税劳务名称		规格型号	单位	数量	单价	金额	税率	税额
合　计								
价税合计(大写)		（小写）						
销货单位	名　称： 纳税人识别号： 地 址 、电 话： 开户行及账号：			备注				

收款人：　复核：　开票人：　销货单位:(章)

第二联　发票联　购货方记账凭证

中国建设银行进账单(收账通知)

年 月 日　　第 号

付款人	全称		收款人	全称	
	账号			账号	
	开户银行			开户银行	

人民币 (大写)	千	百	十	万	千	百	十	元	角	分

票据种类		收款人开户行盖章
票据张数		
单位主管　会计　复核　记账		

此联是收款人开户行交给收款人的收账通知

三、实训要求

根据上述资料，按照原始凭证的填制要求填写各种原始凭证。

实训二 原始凭证的审核

一、实训目的

在正确填写原始凭证的基础上，掌握原始凭证的审核。

二、实训资料

1.2010 年 6 月 5 日，采购员梦梅赴厦门采购材料，填写一份借款单并经主管领导批准。

借　款　单

2010 年 6 月 5 日

部　门		供应科		借款事由：参加订货会	
借款金额（人民币大写）贰仟元整				￥3 000.00	
批准金额（人民币大写）贰仟元整				￥3 000.00	
领导	黄岑	财务主管	李欢	借款人	

2.2010 年 6 月 7 日，加工车间马明领用圆钢 3 000 千克，计划单价 10 元，领用角钢 2 000 千克，计划单价 5 元生产锁具（工作单号：3110，工作项目：车工）。

宏发钢管公司领料单

领料部门：　　　　2010 年 6 月 7 日

规格及名称		单位	数　量		计划单价	金额	过账
			请领	实发			
圆钢		千克	3 000	3 000	10.00	3 000.00	
角钢		千克	2 000	2 000	5.00	10 000.00	
工作单号	3110	用途					
工作项目							

仓库负责人：　　　记账：　　　发料：徐阳　　　领料：

3.2010 年 6 月 9 日，销售甲 F-1 产品 500 件，单价 200 元，甲 F-2 产品 500 件，单价 100 元，开出增值税专用发票一份并将有关联交与快捷有限公司，同时收到快捷有限公司签发的转账支票一张，尚未送存银行。

福州市增值税专用发票

记账联　　　开票日期　2010 年 6 月 9 日

购货单位	名　　　称:快捷有限公司 纳税人识别号:3708662346633898 地 址 、电 话:福州市和平路 118 号 2463066 开户行及账号:工商银行红旗路支行 8040-4129	密码区	6＋－〈2〉6〉927＋296＋/＊加密版本 01 446〈600375〈35〉〈4/ ＊ 37009931410 2－2〈2051＋24＋2618〈7　07050445 /3－15〉〉09/5/－1〉〉〉＋2

货物或应税劳务名称	规格型号	单位	数量	单价	金额	税率	税额
甲产品	F-1	件	500	200.00	100 000.00	17%	17 000.00
甲产品	F-2	件	100	500.00	50 000.00		8 500.00
合　计					¥150 000.00		25 500.00
价税合计(大写)	⊗拾柒万伍仟伍佰元						(小写)¥175 500.00

销货单位	名　　　称:福州宏发钢管有限公司 纳税人识别号:370863786263589 地 址 、电 话:福州市解放路 108 号 65560368 开户行及账号:中国建设银行江滨路支行 560101180016	备注	

收款人:　　　复核:　　　开票人:林玲　　　销货单位:(章)

第四联　记账联　销货方记账凭证

中国工商银行转账支票(闽)　福州　No.33889890

出票日期(大写)贰零壹零年陆月玖日　　　付款行名称:工商银行红旗路支行

收款人:福州宏发钢管有限公司　　　出票人账号:8040—4129

人民币(大写)	百	十	万	千	百	十	元	角	分
拾柒万伍仟伍佰元	¥	1	7	5	5	0	0	0	0

本支票付款期限十天

用途　购货款

上列款项请从

我账户内支付

出票人签章　　　　　复核　　　记账

4.2010 年 6 月 10 日,签发现金支票一张,金额 38 566.30 元,从银行提取现金以备发工资。

中国建设银行(闽)
转账支票存根
No. 33889990
附加信息

出票日期 2010 年 6 月 10 日

收款人:	
金　额:¥38 566.30	
用　途:发工资	

单位主管:　　会计:

中国建设银行转账支票(闽)　福州 No. 33889990

出票日期(大写)贰零壹零年陆月壹拾日
付款行名称:建设银行江滨路支行
收款人:福州宏发钢管有限公司
出票人账号:560101180016

支票付款期限十天

人民币(大写)	百	十	万	千	百	十	元	角	分
叁万捌仟伍佰陆拾陆元叁角		¥	3	8	5	6	6	3	0

用途　发工资
上列款项请从
我账户内支付
出票人签章　　复核　　记账

5. 2010 年 6 月 21 日,办公室职员潘铭拿来发票一张,报销购买笔记本、钢笔等办公用品费用。

福建省商品销售统一发票

客户名称及地址:福州宏发钢管有限公司　2010 年 6 月 21 日 填制

品名规格	单位	数量	单价	金额						
				万	千	百	十	元	角	分
笔记本	本	20	6.00			1	2	0	0	0
钢笔	支	12	14.80			1	6	5	6	0
合　计					¥	2	8	5	6	0
合计金额(大写)贰佰捌拾伍元陆角零分										

第二联　发票联

填票人:童海　　收款人:邹红　　单位名称:(盖章)

三、实训要求

1. 审核原始凭证。以有关的法令、制度及计划等为依据对每一笔交易或事项所涉及的原始凭证进行审核,审查原始凭证所反映的交易或事项是否合理合法,同时审查原始凭证的内容是否完整、各项目填列是否齐全、数字计算是否正确以及大小写金额是否相符等。

2. 指出存在的问题。每一笔交易或事项所取得或填写的原始凭证中,至少有一处或多处错误或不完整,认真审核后指出其中存在的问题并提出修改处理意见和方法。

实训三　收款凭证、付款凭证、转账凭证的填制

一、实训目的

掌握收款凭证、付款凭证、转账凭证的填制方法。

二、实训资料

企业名称：福建宏发有限公司（增值税一般纳税人）

开户行：工商银行红旗路支行

账号：8040-4129

纳税人登记号：370866786633898

会计：张明

出纳员：翁红

会计主管：刘英

三、实训要求

根据原始凭证填制并审核收款凭证、付款凭证、转账凭证。

宏发有限公司 2010 年 12 月份发生下列交易或事项：

1. 1 日，出纳员填写现金支票一张，从银行提取现金 4 000 元。

中国工商银行

现金支票存根

No. 01621921

附加信息

____

____

____

出票日期 2010 年 12 月 1 日

收款人：宏发有限公司
金　额：￥4 000.00
用　途：备用

单位主管：刘英　会计：张明

付 款 凭 证

贷方科目______　　　　年　月　日　　　　字 第　号

对方单位(或收款人)	摘要	应借科目		金额									记账
		一级科目	二级或明细科目	百	十	万	千	百	十	元	角	分	
合　计													

附单据　张

会计主管　　记账　　出纳　　复核　　制单

2.3 日，采购员王静填写借款单，并经有关人员签字同意，预借差旅费 3 000 元，以现金支付。

借 款 单

2010 年 12 月 3 日

部门	供应科		借款事由		采购材料	
借款金额	金额(大写)叁仟元整			￥3 000.00		
批准金额	金额(大写)叁仟元整			￥3 000.00		
领导	陈晨	财务主管	刘英	借款人	王静	

付 款 凭 证

贷方科目______　　　　年　月　日　　　　字 第　号

对方单位(或收款人)	摘要	应借科目		金额									记账
		一级科目	二级或明细科目	百	十	万	千	百	十	元	角	分	
合　计													

附单据　张

会计主管　　记账　　出纳　　复核　　制单

3.6 日，向快捷钢铁公司购进圆钢 12 吨，每吨 5 000 元，增值税进项税 10 200 元，开出转账支票付款，材料验收入库。

中国工商银行
转账支票存根
No. 01621922
附加信息

出票日期 2007 年 12 月 6 日

收款人：快捷钢铁公司	
金　额：¥70 200.00	
用　途：购料	

单位主管：　　　会计：张明

福州市增值税专用发票

发票联　　　　开票日期：2010 年 12 月 6 日

<table>
<tr><td>购货单位</td><td colspan="4">名　　称：福建宏发有限公司
纳税人识别号：370866786633898
地 址 、电 话：福州市解放路 16 号 5230355
开户行及账号：工商银行红旗路支行 8040-4129</td><td>密码区</td><td colspan="3">6＋－〈2〉6〉927＋296＋/＊加密版本：01
446〈600375〈35〉〈4/＊37009931410
2－2〈2051＋24＋2618〈7　07050445
/3－15〉〉09/5/－1〉〉〉＋2</td></tr>
<tr><td>货物或应税劳务名称</td><td>规格型号</td><td>单位</td><td>数量</td><td>单价</td><td>金额</td><td>税率</td><td>税额</td><td></td></tr>
<tr><td>圆钢</td><td></td><td>吨</td><td>12</td><td>5 000</td><td>60 000.00</td><td>17%</td><td>10 200.00</td><td></td></tr>
<tr><td></td><td></td><td></td><td></td><td></td><td></td><td></td><td></td><td></td></tr>
<tr><td>合计</td><td></td><td></td><td></td><td></td><td>¥60 000.00</td><td></td><td>¥10 200.00</td><td></td></tr>
<tr><td>价税合计（大写）</td><td colspan="5">⊗柒万零两佰元整</td><td colspan="3">（小写）¥70 200.00</td></tr>
<tr><td>销货单位</td><td colspan="4">名　　称：快捷钢铁公司
纳税人识别号：370863786263889
地 址 、电 话：福州市解放路 108 号 5660368
开户行及账号：中国农业银行环翠区支行 56010112364</td><td>备注</td><td colspan="3"></td></tr>
</table>

第二联：发票联　购货方记账凭证

收款人　　　复核　　　开票人 林强　　　销货单位：（章）

供应单位：快捷钢铁公司

材料入库单

发票号：　　2010年12月6日　　字第　号

材料类别	材料名称	规格材质	计量单位	应收数量	实收数量	单价	金额							
							十	万	千	百	十	元	角	分
	圆钢		吨	12	12	5 000		6	0	0	0	0	0	0
检验结果：				运杂费										
检验员签章：				合计			¥	6	0	0	0	0	0	0
备注														

第三联 会计联

仓库：　　材料会计：　　收料员：林辉　　制单：

付款凭证

贷方科目______　　年　月　日　　字第　号

对方单位（或收款人）	摘要	应借科目		金额									记账
		一级科目	二级或明细科目	百	十	万	千	百	十	元	角	分	
合　计													

附单据　张

会计主管　　记账　　出纳　　复核　　制单

转　账　凭　证

字第＿＿号

年　月　日　　　　附单据＿＿张

摘要	总账科目	明细科目	借方金额									贷方金额									记账
			百	十	万	千	百	十	元	角	分	百	十	万	千	百	十	元	角	分	
	合　计																				

会计主管　　记账　　复核　　制单

4. 11 日，收到大华公司投入企业资金 60 000 元的转账支票，已填写进账单连同支票一并送存银行，并已收到进账单(收账通知)。

中国工商银行进账单(收账通知)3

2010 年 12 月 11 日

出票人	全　称	大华公司	收款人	全　称	宏发有限公司
	账　号	3688852		账　号	8040-4129
	开户银行	工行南大街支行		开户银行	工商银行红旗路支行

金额	人民币(大写)	陆万元整	亿	千	百	十	万	千	百	十	元	角	分
						¥	6	0	0	0	0	0	0

票据种类	转账支票	票据张数	1	
票据号码				
复核　记账				收款人开户行签章

此联是收款人开户银行交给收款人的收账通知

统一收款收据(三联单)

第三联:记账依据　　2010年12月11日　　No.6703520

交款单位或交款人	大华公司	收款方式	转账支票
事由　投资 人民币(大写)陆万元整　　¥60 000.00			备注: 投资期10年

说明:业性收费收据不得作行政事使用

收款单位(盖章):(章)　　收款人(签章):翁红

收　款　凭　证

借方科目＿＿＿　　年　月　日　　字　第　号

对方单位(或付款人)	摘要	贷方		金额									记账
		一级科目	二级或明细科目	百	十	万	千	百	十	元	角	分	
合　计													

附单据　张

会计主管　　记账　　出纳　　复核　　制单

5.15日,向工商银行借入期限为6个月的借款250 000元。

中国工商银行借款凭证(代回单)

2010年12月15日

借款单位名称		宏发有限公司	放款账号:7-12	往来账号:728-12992	
借款金额		人民币(大写)贰拾伍万元整		¥250 000.00	
种类	生产周转借款	单位提出期限	自2010年12月15日至2011年6月15日止	利率	8%
		银行核定期限	自2010年12月15日至2011年6月15日止		
上列借款已收入你单位往来户内 单位(银行签章)		单位会计分类			

第四联　交借款单位

收 款 凭 证

借方科目______　　　　　　年　月　日　　　　　　字　第　号

对方单位(或付款人)	摘要	贷方		金额									记账
		一级科目	二级或明细科目	百	十	万	千	百	十	元	角	分	
合　计													

附单据　　张

会计主管　　记账　　出纳　　复核　　制单

6.18 日，签发转账支票偿还前欠胜利公司货款 20 000 元，并收到胜利公司开具的收款收据。

中国工商银行
转账支票存根
No. 01621925
附加信息
____
____
____
出票日期 2010 年 12 月 18 日

收款人:	胜利公司
金　额:	￥20 000.00
用　途:	偿还货款

单位主管：　　会计：张明

统一收款收据(三联单)

第二联：收　据　　　2010 年 12 月 18 日　　　No. 8803529

交款单位或交款人	宏发有限公司	收款方式	转账支票
事由 收回所欠货款 人民币(大写)贰万元整　￥20 000.00			备注：

说明：不得作行政事业性收费收据使用

收款单位(盖章)：(章)　　　　收款人(签章)：

付 款 凭 证

贷方科目______　　　　年　月　日　　　　　　字第　　号

对方单位(或收款人)	摘要	应借科目		金　额									记账
		一级科目	二级或明细科目	百	十	万	千	百	十	元	角	分	
合　计													

附单据　张

会计主管　　记账　　出纳　　复核　　制单

7.18日，仓库发出材料供有关部门使用，领料单如下：

宏发有限公司领料单

领料部门：生产车间　　　2010年12月18日

材料		单位	数量		单位成本	金额	过账
名称	规格		请领	实发			
甲材料		千克	4 000	4 000	10	40 000.00	
乙材料		千克	3 000	3 000	5	15 000.00	
工作单号		用途	生产A产品				
工作项目							

会计：　　记账：　　发料：柳姿　　领料：霍隆

宏发有限公司领料单

领料部门：生产车间　　　2010年12月18日

材料		单位	数量		单位成本	金额	过账
名称	规格		请领	实发			
甲材料		千克	3 000	3 000	10	30 000.00	
乙材料		千克	2 000	2 000	5	10 000.00	
工作单号		用途	生产B产品				
工作项目							

会计：　　记账：　　发料：柳姿　　领料：霍隆

宏发有限公司领料单

领料部门:生产车间　　　　2010 年 12 月 18 日

材料		单位	数量		单位成本	金额	过账
名称	规格		请领	实发			
乙材料		千克	1 600	1 600	5	8 000.00	
工作单号		用途	车间一般耗用				
工作项目							

会计:　　　　记账:　　　　发料:柳姿　　　　领料:霍隆

宏发有限公司领料单

领料部门:计划科　　　　2010 年 12 月 18 日

材料		单位	数量		单位成本	金额	过账
名称	规格		请领	实发			
甲材料		千克	500	500	10	5 000.00	
工作单号		用途	行政管理使用				
工作项目							

会计:　　　　记账:　　　　发料:柳姿　　　　领料:陈娴

转 账 凭 证

字 第____号

年 月 日　　　　附单据____张

摘要	总账科目	明细科目	借方金额									贷方金额									记账
			百	十	万	千	百	十	元	角	分	百	十	万	千	百	十	元	角	分	
	合 计																				

会计主管　　　　记账　　　　复核　　　　制单

转 账 凭 证

字 第____号

年 月 日

附单据______张

摘要	总账科目	明细科目	借方金额									贷方金额									记账
			百	十	万	千	百	十	元	角	分	百	十	万	千	百	十	元	角	分	
	合 计																				

会计主管　　　记账　　　复核　　　制单

8. 19 日，出纳员填制现金支票提取现金，准备发工资。

中国工商银行

现金支票存根

No. 01621955

附加信息

______

______

______

出票日期 2010 年 12 月 19 日

收款人：宏发有限公司
金　额：￥160 000.00
用　途：备发工资

单位主管：　　会计：张明

付　款　凭　证

贷方科目______　　　　　年　月　日　　　　　字　第　　号

对方单位(或收款人)	摘要	应借科目		金　额									记账
		一级科目	二级或明细科目	百	十	万	千	百	十	元	角	分	
合　计													

附单据　张

会计主管　　　记账　　　出纳　　　复核　　　制单

9. 19 日，以现金 160 000 元，发放本月职工工资，工资结算汇总表如下：

工资结算汇总表

2010 年 12 月 19 日

部　门	计时工资	计件工资	工资性津贴	奖金	应扣工资		应付工资
					事假	病假	
生产 A 产品		32 000	20 000	8 100	60	40	60 000.00
生产 B 产品		28 000	10 000	2 000			40 000.00
车间管理人员	23 500						23 500.00
行政管理人员	36 500						36 500.00
合　计	60 000	60 000	30 000	10 100	60	40	160 000.00

付　款　凭　证

贷方科目______　　　　　年　月　日　　　　　字　第　　号

对方单位(或收款人)	摘要	应借科目		金　额									记账
		一级科目	二级或明细科目	百	十	万	千	百	十	元	角	分	
合　计													

附单据　张

会计主管　　　记账　　　出纳　　　复核　　　制单

10.20 日，销售给伟达公司电热水器 20 台，热水器已发出，并向银行办妥托收手续。

福州市增值税专用发票

此联不作报销、扣税凭证　开票日期：2010 年 12 月 6 日

购货单位	名　　称：伟达公司 纳税人识别号：370866786635598 地 址 、电 话：合肥市乐水路 16 号 5230355 开户行及账号：工商银行乐水路支行 5600-9696			密码区	6＋－〈2〉6〉869＋296＋/＊加密版本：01 446〈600375〈35〉〈4/＊37055931410 2－2〈2051＋24＋2618〈7　09050445 /3－15〉〉09/5/－1〉〉〉＋2		
货物或应税劳务名称	规格型号	单位	数量	单价	金额	税率	税额
电热水器		台	20	1 500	30 000.00	17%	5 100.00
合　计					￥30 000.00		￥5 100.00
价税合计（大写）	⊗叁万伍仟壹佰元整					（小写）￥35 100.00	
销货单位	名　　称：福建宏发有限公司 纳税人识别号：370866786633898 地 址 、电 话：福州市解放路 16 号 04195230355 开户行及账号：工商银行红旗路支行 8040-4129			备注			

第二联：发票联　购货方记账凭证

收款人：　　复核：　　开票人：李和　　销货单位：（章）

托收承付凭证（回单）

委托日期 2010 年 12 月 20 日

业务类型	委托收款（□邮划、□电划）　托收承付（□邮划、□电划）						
付款人	全称	伟达公司		收款人	全称	福建宏发有限公司	
	账号	5600-9696			账号	8040-4129	
	地址	辽宁省大连市	开户行 工行		地址	福建福州市	开户行 工行
金额	人民币（大写）	叁万伍仟壹佰元整			亿千百十万千百十元角分	￥3510000	
款项内容	货款	托收凭据名称	托收承付凭证（电划）	附寄单证张数			
商品发运情况			合同名称号码				
备注： 复核　记账		款项收妥日期 年　月　日		收款人开户银行签章 2010 年 12 月 20 日			

此联作收款人开户银行给收款人的受理回单

（26）10日，销售给[illegible]20台，[illegible]

[illegible]

[illegible]增值税专用发票

[illegible]

[illegible]

托收承付凭证（回单）

[illegible]

转 账 凭 证

字 第____号

年 月 日

附单据______张

摘要	总账科目	明细科目	借方金额									贷方金额									记账
			百	十	万	千	百	十	元	角	分	百	十	万	千	百	十	元	角	分	
	合 计																				

会计主管 记账 复核 制单

11.31 日，分配结转本月职工工资 160 000 元，其中，生产 A 产品工人工资 60 000 元，生产 B 产品工人工资 40 000 元，车间管理人员工资 23 500 元，行政管理部门 36 500 元，分配表如下：

工资费用分配汇总表

2010 年 12 月 31 日

车间或部门		应分配金额
车间生产人员工资	生产 A 产品	60 000.00
	生产 B 产品	40 000.00
	生产人员工资小计	100 000.00
车间管理人员工资		23 500.00
厂部管理人员工资		36 500.00
合 计		160 000.00

转　账　凭　证

字　第____号

年　月　日　　　　附单据______张

摘要	总账科目	明细科目	借方金额									贷方金额									记账
			百	十	万	千	百	十	元	角	分	百	十	万	千	百	十	元	角	分	
	合　计																				

会计主管　　　　记账　　　　复核　　　　制单

12.31 日，计提本月固定资产折旧费，折旧费用分配表如下：

折旧费用分配表

2010 年 12 月 31 日

车间或部门	折旧额
生产车间	3 500.00
厂　部	2 600.00
合　计	6 100.00

转　账　凭　证

字　第____号

年　月　日　　　　附单据______张

摘要	总账科目	明细科目	借方金额									贷方金额									记账
			百	十	万	千	百	十	元	角	分	百	十	万	千	百	十	元	角	分	
	合　计																				

会计主管　　　　记账　　　　复核　　　　制单

13. 收到东南公司归还货款。

中国工商银行进账单(收账通知)3

2010 年 12 月 31 日

<table>
<tr><td rowspan="3">出票人</td><td>全称</td><td>大华公司</td><td rowspan="3">收款人</td><td>全称</td><td colspan="11">宏发有限公司</td><td rowspan="7">此联是收款人开户银行交给收款人收账通知</td></tr>
<tr><td>账号</td><td>3688855</td><td>账号</td><td colspan="11">8040-4129</td></tr>
<tr><td>开户银行</td><td>工行南大街支行</td><td>开户银行</td><td colspan="11">工商银行红旗路支行</td></tr>
<tr><td rowspan="2">金额</td><td colspan="4" rowspan="2">人民币（大写） 壹万玖仟元整</td><td>亿</td><td>千</td><td>百</td><td>十</td><td>万</td><td>千</td><td>百</td><td>十</td><td>元</td><td>角</td><td>分</td></tr>
<tr><td></td><td></td><td></td><td>¥</td><td>1</td><td>9</td><td>0</td><td>0</td><td>0</td><td>0</td><td>0</td></tr>
<tr><td>票据种类</td><td>转账支票</td><td>票据张数</td><td>1</td><td colspan="12" rowspan="2"></td></tr>
<tr><td>票据号码</td><td colspan="3"></td></tr>
<tr><td colspan="4">复核 记账</td><td colspan="12">收款人开户银行签章</td><td></td></tr>
</table>

收 款 凭 证

借方科目______ 年 月 日 字 第 号

<table>
<tr><td rowspan="2">对方单位（或付款人）</td><td rowspan="2">摘要</td><td colspan="2">贷方</td><td colspan="9">金额</td><td rowspan="2">记账</td><td rowspan="9">附单据 张</td></tr>
<tr><td>一级科目</td><td>二级或明细科目</td><td>百</td><td>十</td><td>万</td><td>千</td><td>百</td><td>十</td><td>元</td><td>角</td><td>分</td></tr>
<tr><td></td><td></td><td></td><td></td><td></td><td></td><td></td><td></td><td></td><td></td><td></td><td></td><td></td><td></td></tr>
<tr><td></td><td></td><td></td><td></td><td></td><td></td><td></td><td></td><td></td><td></td><td></td><td></td><td></td><td></td></tr>
<tr><td></td><td></td><td></td><td></td><td></td><td></td><td></td><td></td><td></td><td></td><td></td><td></td><td></td><td></td></tr>
<tr><td></td><td></td><td></td><td></td><td></td><td></td><td></td><td></td><td></td><td></td><td></td><td></td><td></td><td></td></tr>
<tr><td></td><td></td><td></td><td></td><td></td><td></td><td></td><td></td><td></td><td></td><td></td><td></td><td></td><td></td></tr>
<tr><td></td><td></td><td></td><td></td><td></td><td></td><td></td><td></td><td></td><td></td><td></td><td></td><td></td><td></td></tr>
<tr><td colspan="4">合 计</td><td></td><td></td><td></td><td></td><td></td><td></td><td></td><td></td><td></td><td></td></tr>
</table>

会计主管 记账 出纳 复核 制单

14. 收到伟达公司归还货款。

中国工商银行进账单(收账通知)3

2010 年 12 月 31 日

<table>
<tr><td rowspan="3">出票人</td><td>全　　称</td><td colspan="4">违达公司</td><td rowspan="3">收款人</td><td colspan="3">全　　称</td><td colspan="11">宏发有限公司</td></tr>
<tr><td>账　　号</td><td colspan="4">5600-9696</td><td colspan="3">账　　号</td><td colspan="11">8040-4129</td></tr>
<tr><td>开户银行</td><td colspan="4">工商银行乐水路支行</td><td colspan="3">开户银行</td><td colspan="11">工商银行红旗路支行</td></tr>
<tr><td rowspan="2">金额</td><td colspan="8" rowspan="2">人民币（大写）　玖仟元整</td><td>亿</td><td>千</td><td>百</td><td>十</td><td>万</td><td>千</td><td>百</td><td>十</td><td>元</td><td>角</td><td>分</td></tr>
<tr><td></td><td></td><td></td><td></td><td>¥</td><td>9</td><td>0</td><td>0</td><td>0</td><td>0</td><td>0</td></tr>
<tr><td colspan="2">票据种类</td><td>转账支票</td><td>票据张数</td><td>1</td><td colspan="15" rowspan="3">收款人开户行盖章</td></tr>
<tr><td colspan="2">票据号码</td><td colspan="3"></td></tr>
<tr><td colspan="5">复核　　记账</td></tr>
</table>

此联是收款人开户银行交给收款人的收账通知

收　款　凭　证

借方科目______　　　　年　月　日　　　　字　第　号

<table>
<tr><td rowspan="2">对方单位(或付款人)</td><td rowspan="2">摘要</td><td colspan="2">贷方</td><td colspan="9">金　　额</td><td rowspan="2">记账</td></tr>
<tr><td>一级科目</td><td>二级或明细科目</td><td>百</td><td>十</td><td>万</td><td>千</td><td>百</td><td>十</td><td>元</td><td>角</td><td>分</td></tr>
<tr><td></td><td></td><td></td><td></td><td></td><td></td><td></td><td></td><td></td><td></td><td></td><td></td><td></td><td></td></tr>
<tr><td></td><td></td><td></td><td></td><td></td><td></td><td></td><td></td><td></td><td></td><td></td><td></td><td></td><td></td></tr>
<tr><td></td><td></td><td></td><td></td><td></td><td></td><td></td><td></td><td></td><td></td><td></td><td></td><td></td><td></td></tr>
<tr><td></td><td></td><td></td><td></td><td></td><td></td><td></td><td></td><td></td><td></td><td></td><td></td><td></td><td></td></tr>
<tr><td></td><td></td><td></td><td></td><td></td><td></td><td></td><td></td><td></td><td></td><td></td><td></td><td></td><td></td></tr>
<tr><td colspan="4">合　计</td><td></td><td></td><td></td><td></td><td></td><td></td><td></td><td></td><td></td><td></td></tr>
</table>

附单据　　张

会计主管　　记账　　出纳　　复核　　制单

实训四　通用记账凭证的填制

一、实训目的

掌握通用记账凭证的填制方法。

二、实训资料

公司名称：红星实业有限责任公司(增值税一般纳税人)

开户行：中国建设银行四方支行

账号：5603-2936

纳税人登记号：370867816237898

会计人员：柯南

出纳员：陈国

会计主管：赵文

三、实训要求

根据原始凭证填制并审核通用记账凭证。

红星实业有限公司 2010 年 12 月份发生的交易或事项取得如下原始凭证：

1. 1 日，从华美公司购入甲材料 1 300 千克，开出支票付款，材料尚未运到。

中国建设银行
转账支票存根
No. 01833989

附加信息

出票日期 2010 年 12 月 1 日

收款人：华美公司
金　额：¥30 420.00
用　途：材料款

单位主管：　　会计：柯南

福州市增值税专用发票

发票联　　开票日期:2010年12月1日

购货单位	名　　称:红星实业有限责任公司 纳税人识别号:370867816237898 地 址 、电 话:福州市解放路16号5230355 开户行及账号:中国建设银行四方支行 5603-2936					密码区	6+−〈2〉6〉589+256+/*加密版本 01 446〈600375〈35〉〈4/ * 37008931410 2−2〈2051+24+2618〈7 07060445 /3−15〉〉09/5/−1〉〉〉+2	
货物或应税劳务名称	规格型号	单位	数量	单价	金额	税率	税额	
甲材料		千克	1 300	20	26 000.00	17%	4 420.00	
合　计					¥26 000.00		¥4 420.00	
价税合计(大写)	⊗叁万零肆佰贰拾元整					(小写)¥30 420.00		
销货单位	名　　称:华美公司 纳税人识别号:370833586263889 地 址 、电 话:福州市解放路108号85660368 开户行及账号:中国农行福州路支行560180012364					备注		

第二联:发票联 购货方记账凭证

收款人:　　复核:　　开票人:林通　　销货单位:(章)

转 账 凭 证

字 第____号

年 月 日　　附单据____张

摘要	总账科目	明细科目	借方金额									贷方金额									记账
			百	十	万	千	百	十	元	角	分	百	十	万	千	百	十	元	角	分	
	合　计																				

会计主管　　记账　　复核　　制单

2.1 日，仓库发出材料供有关部门使用、领料单如下：

红星实业有限公司领料单

领料部门：生产车间　　2010 年 12 月 1 日

材料		单位	数量		单位成本	金额	过账
名称	规格		请领	实发			
乙材料		千克	120	120	50	6 000.00	
工作单号		用途	车间一般耗用				
工作项目							

会计：　　记账：　　发料：潭雯　　领料：王平

红星实业有限公司领料单

领料部门：生产车间　　2010 年 12 月 1 日

材料		单位	数量		单位成本	金额	过账
名称	规格		请领	实发			
甲材料		千克	500	500	20	10 000.00	
乙材料		千克	100	100	50	5 000.00	
工作单号		用途	生产 A 产品				
工作项目							

会计：　　记账：　　发料：潭雯　　领料：王平

红星实业有限公司领料单

领料部门：生产车间　　2010 年 12 月 1 日

材料		单位	数量		单位成本	金额	过账
名称	规格		请领	实发			
甲材料		千克	750	750	20	15 000.00	
乙材料		千克	80	80	50	4 000.00	
工作单号		用途	生产 B 产品				
工作项目							

会计：　　记账：　　发料：潭雯　　领料：王平

红星实业有限公司领料单

领料部门：生产车间　　　　2010年12月1日

材料		单位	数量		单位成本	金额	过账
名称	规格		请领	实发			
甲材料		千克	400	400	20	8 000.00	
工作单号		用途	管理部门一般耗用				
工作项目							

会计：　　　记账：　　　发料：潭雯　　　领料：郭微

转　账　凭　证

字　第＿＿号

年　月　日　　　附单据＿＿张

摘要	总账科目	明细科目	借方金额									贷方金额									记账
			百	十	万	千	百	十	元	角	分	百	十	万	千	百	十	元	角	分	
合　计																					

会计主管　　　记账　　　复核　　　出纳　　　制单

转　账　凭　证

字　第＿＿号

年　月　日　　　附单据＿＿张

摘要	总账科目	明细科目	借方金额									贷方金额									记账
			百	十	万	千	百	十	元	角	分	百	十	万	千	百	十	元	角	分	
合　计																					

会计主管　　　记账　　　复核　　　制单

3. 3 日，从华美公司购入的甲材料运到企业并验收入库。

材料入库单

供应单位：华美公司　　　　2010 年 12 月 3 日　　　　发票号：

材料类别	材料名称	规格材质	计量单位	数量	实收数量	单位成本	金额								
							百	十	万	千	百	十	元	角	分
	甲材料		千克	1 300	1 300	20			2	6	0	0	0	0	0
检验结果：				运杂费											
检验员签章：				合计				¥	2	6	0	0	0	0	0
备注															

三联

会计

仓库　　　　材料会计　　　　收料员　李萍

转 账 凭 证

字 第____号

年 月 日　　　　附单据____张

摘要	总账科目	明细科目	借方金额									贷方金额									记账
			百	十	万	千	百	十	元	角	分	百	十	万	千	百	十	元	角	分	
合 计																					

会计主管　　　　记账　　　　复核　　　　制单

4. 3 日，出纳员填写现金支票一张，从银行提取现金 5 000 元。

中国建设银行
现金支票存根
No. 01836981

附加信息

出票日期 2010 年 12 月 3 日

收款人:红星实业有限公司
金 额:¥5 000.00
用 途:备用

单位主管: 会计:柯南

转 账 凭 证

字 第____号

年 月 日 附单据____张

摘要	总账科目	明细科目	借方金额									贷方金额									记账
			百	十	万	千	百	十	元	角	分	百	十	万	千	百	十	元	角	分	
合 计																					

会计主管 记账 复核 制单

5.3 日,销售 A 产品 40 件,单价 2 000 元,全部款项已送存银行。

福州市增值税专用发票

记账联　　开票日期:2010 年 12 月 3 日

购货单位	名　　称:大美公司 纳税人识别号:370670524383698 地 址 、电 话:福州市华侨路 28 号 6225006 开户行及账号:工商银行北大街支行 56019653	密码区	6+-〈2〉6〉928+296+/＊加密版本:01 446〈600375〈35〉〈4/ ＊ 37009931410 2-2〈2051+24+2618〈7 07050345 /3-15〉〉09/5/-1〉〉〉+2

货物或应税劳务名称	规格型号	单位	数量	单价	金额	税率	税额
A 产品		件	40	2 000	80 000.00	17%	13 600.00
合　计					¥80 000.00		¥13 600.00
价税合计(大写)	⊗玖万叁仟陆佰元整					(小写)¥93 600.00	

销货单位	名　　称:红星实业有限责任公司 纳税人识别号:370867816237898 地 址 、电 话:福州市解放路 16 号 5230355 开户行及账号:中国建设银行四方支行 5603-2936	备注	

收款人　　复核　　开票人 林营　　销货单位:(章)

第四联：记账联 销货方记账凭证

中国建设银行进账单(收账通知)3

2010 年 12 月 3 日

出票人	全　称	大美公司	收款人	全　称	红星实业有限责任公司
	账　号	56019653		账　号	5603-2936
	开户银行	工商银行北大街支行		开户银行	建设银行四方支行

金额	人民币(大写)	玖万叁仟陆佰元整	亿	千	百	十	万	千	百	十	元	角	分
						¥	9	3	6	0	0	0	0

票据种类	转账支票	票据张数	1	
票据号码				
复核 记账				收款人开户银行签章

此联是收款人开户银行交给收款人的收账通知

转 账 凭 证

字 第____号

年 月 日

附单据______张

摘要	总账科目	明细科目	借方金额								贷方金额								记账
			十	万	千	百	十	元	角	分	十	万	千	百	十	元	角	分	
合 计																			

会计主管　　　　记账　　　　复核　　　　制单

第五章 会计账簿

实训一 日记账的登记

一、实训目的

练习日记账的登记。

二、实训资料

福建宏发有限公司 2010 年 12 月日记账的期初余额如下：

库存现金日记账，借方余额 1 000.00。

银行存款日记账，借方余额 200 000.00。

三、实训要求

根据第四章“实训三”填制的收款凭证、付款凭证登记库存现金日记账、银行存款日记账。日记账样式如下：

现金日记账(三栏式)

第 页

年		凭证		摘要	对方科目	收入	支出	结余
月	日	字	号					

银行存款日记账(三栏式)

第　　页

年		凭证		摘要	结算凭证		对方科目	收入	支出	结余
月	日	字	号		种类	号数				

实训二　总账与明细账的登记

一、实训目的

练习总账与明细账的平行登记。

二、实训资料

福建宏发有限公司 2010 年 12 月份有关总账与明细账的期初余额(单位:元)如下:

总　账	明细账	借或贷	余　额
应收账款		借	25 000
	伟达公司	借	6 000
	东南公司	借	19 000
原材料		借	150 000
	甲材料	借	90 000
	乙材料	借	40 000
	圆钢	借	20 000

2010 年 12 月份期初原材料结存(单位:元)如下:

材料名称	数量	单位	单价	金额
甲材料	9 000	千克	10	90 000
乙材料	8 000	千克	5	40 000
圆钢	4	吨	5 000	20 000
合　计				150 000

三、实训要求

根据第四章"实训三"填制的收款凭证、付款凭证及转账凭证分别登记"应收账款"、"原材料"总账及明细账，并进行总账与明细账核对。

总　　账(三栏式)

会计科目：　　　　　　　　　　　　　　　　　　　　　第　　页

年		凭证		摘　要	借方	贷方	借或贷	余额
月	日	字	号					

明细分类账(三栏式)

明细科目：　　　　　　　　　　　　　　　　　　　　　第　　页

年		凭证		摘　要	借方	贷方	借或贷	余额
月	日	字	号					

明细分类账（三栏式）

明细科目：　　　　　　　　　　　　　　　　　　　　　　　　第　　页

年		凭证		摘　　要	借方	贷方	借或贷	余额
月	日	字	号					

总　　账（三栏式）

会计科目：　　　　　　　　　　　　　　　　　　　　　　　　第　　页

年		凭证		摘　　要	借方	贷方	借或贷	余额
月	日	字	号					

原材料　明细账（数量金额式）

最高储备量：

类　别：　　　　　　　　　　　　　　　　　　　最低储备量：

品名或规格：　　　　　　　　　　　　　　　　　计量单位：

存放地点：　　　　　　　　　　　　　　　　　　　第　　页

年		凭证		摘要	收入			发出			结存		
月	日	字	号		数量	单价	金额	数量	单价	金额	数量	单价	金额

原材料 明细账(数量金额式)

最高储备量：
类 别： 最低储备量：
品名或规格： 计量单位：
存放地点： 第 页

年		凭证		摘要	收入			发出			结存		
月	日	字	号		数量	单价	金额	数量	单价	金额	数量	单价	金额

原材料 明细账(数量金额式)

最高储备量：
类 别： 最低储备量：
品名或规格： 计量单位：
存放地点： 第 页

年		凭证		摘要	收入			发出			结存		
月	日	字	号		数量	单价	金额	数量	单价	金额	数量	单价	金额

实训三 错账更正

一、实训目的

练习错账更正。

二、实训资料

银海公司 2010 年 12 月份记账后，结账前发现由于记账凭证编制错误或账簿登记错误等原因，总账记录发生下列差错：

1.7 日，从红星厂购入甲材料一批 1 000 元，增值税 170 元，以银行存款支付。

原填制凭证如下：

付 款 凭 证

2010 年 12 月 7 日

贷方科目银行存款　　　　　　　　　　　　　　　　银付字　第 20 号

对方单位(或收款人)	摘　要	借　方		金　额									记账
		科目	子细目	百	十	万	千	百	十	元	角	分	
红星厂	购买甲材料	在途物资	甲材料				1	0	0	0	0	0	√
		应交税费	增值税					1	7	0	0	0	√
合　　计						¥	1	1	7	0	0	0	√

附单据 2 张

会计主管　　　记账 林冬　　　出纳 张丽　　　复核　　　制单 李平

登记总账如下：

总　　账

一级科目:应交税费　　　　　　　　　　　　　　　　第　　页

2010 年		凭证		摘　要	借方	贷方	借或贷	余额
月	日	字	号					
12	7			承上页	12 000	36 000	借	1 300
	7	银付	20	购买甲材料	17 000			

2.11 日,一车间领用甲材料 1 000 元用于生产 A 产品。

原填制凭证如下：

转 账 凭 证

转字第 4 号

2010 年 12 月 11 日

附单据____张

摘　要	总账科目	明细科目	借方金额								贷方金额								记账
			十	万	千	百	十	元	角	分	十	万	千	百	十	元	角	分	
领用	制造费用	一车间			1	0	0	0	0	0									√
甲材料	原材料	甲材料											1	0	0	0	0	0	√
合　计				¥	1	0	0	0	0	0		¥	1	0	0	0	0	0	

会计主管　　　记账 林冬　　　复核　　　制单 李平

登记总账如下：

总　　账

一级科目：制造费用　　　　　　　　　　　　　　　　　　第　页

2010年		凭证		摘　要	借方	贷方	借或贷	余额
月	日	字	号					
12	10			承上页		4 000	借	4 000
	11	转	4	领用甲材料	1 000			

3. 30日，从银行取得为期3个月的借款60 000元，已存入企业银行存款户。原填制凭证如下：

收　款　凭　证

2010年12月30日

借方科目银行存款　　　　　　　　　　　　　　　　　　银收字　第2号

对方单位(或付款人)	摘　要	借方		金额									记账
		科目	子细目	百	十	万	千	百	十	元	角	分	
	从银行借款	短期借款					6	0	0	0	0	0	√
合　计						¥	6	0	0	0	0	0	√

附单据　张

会计主管　　记账 林冬　　出纳 张丽　　复核　　制单 李平

登记总账如下：

总　　账

一级科目：短期借款　　　　　　　　　　　　　　　　第　　页

2010年		凭证		摘　　要	借方	贷方	借或贷	余额
月	日	字	号					
12	29			承上页	10 000	3 000	借	15 000
	30	银收	2	从银行借款		6 000		

4.30 日，将现金 3 800 元存入银行。

原填制凭证如下：

付　款　凭　证

2010 年 12 月 30 日

贷方科目库存现金　　　　　　　　　　　　　　　　现付字　第 25 号

对方单位(或收款人)	摘　　要	借方		金额									记账
		科目	子细目	百	十	万	千	百	十	元	角	分	
	现金存入银行	银行存款					8	8	0	0	0	0	√
合　　计						¥	8	8	0	0	0	0	√

附单据 2 张

会计主管　　记账 林冬　　出纳 张丽　　复核　　制单 李平

登记总账如下：

总　　账

一级科目：银行存款　　　　　　　　　　　　　　　　第　　页

2010年		凭证		摘　　要	借方	贷方	借或贷	余额
月	日	字	号					
12	30			承上页	3 700 000	150 000	借	290 000
	30	现付	25	现金存入银行	8 800			

三、实训要求

根据以上资料，按规定的更正方法进行错账更正，编制有关有记账凭证并据以登记入有关账户。

第六章　账务处理程序

实训一　科目汇总表账务处理程序

一、实训目的

通过训练掌握科目汇总表账务处理程序。

二、实训资料

福建宏发有限公司 2010 年 12 月份各账户的期初余额(单位:元)如下:

账户名称	借方余额	贷方余额
库存现金	1 000	
银行存款	200 000	
应收账款	25 000	
原材料	150 000	
库存商品	110 000	
生产成本	30 000	
固定资产	426 000	
累计折旧		30 000
应付职工薪酬		12 000
应付账款		20 000
应交税费		80 000
实收资本		500 000
盈余公积		300 000
合　计	942 000	942 000

三、实训要求

1.根据第四章“实训三”填制的收款凭证、付款凭证及转账凭证编制科目汇总表。

2.根据科目汇总表登记总账。

实训二 记账凭证账务处理程序与科目汇总表账务处理程序

一、实训目的

通过训练,学生熟练运用记账凭证账务处理程序和科目汇总表账务处理程序,体会两种方法的异同。

二、实训资料

位于抚顺市区的抚顺星光电机厂生产并销售电机,是增值税一般纳税人,增值税税率17%。

该企业2009年10月份期初账户余额(单位:元)如下:

账户名称	借方余额	贷方余额
库存现金	10 000	
银行存款	700 000	
应收账款——南方机电公司	820 000	
原材料——发动机	50 000	
库存商品——电机(60台)	1 200 000	
生产成本	30 000	
固定资产	8 100 000	
累计折旧		2 300 000
应付职工薪酬——工资		268 600
实收资本		5 000 000
盈余公积		300 000
利润分配		2 020 000
本年利润		1 021 400
合 计	10 910 000	10 910 000

2009年10月份发生的经济业务内容如下:

1.3日,销售给大连机电公司电机8台,单价50 000元,已经办理托收手续。

辽宁省增值税专用发票

记账联　　　　开票日期：2009 年 10 月 3 日

购货单位	名　　称：大连机电公司 纳税人识别号： 地 址 、电 话：大连市沙河口区建设街 7 号 开户行及账号：工行沙河口办事处					密码区	（略）	
货物或应税劳务名称	规格型号	单位	数量	单价	金额	税率	税额	
电　机		台	8	50 000	400 000	17%	68 000	
合　计					￥400 000		￥68 000	
价税合计（大写）	肆拾陆万捌仟元整					（小写）￥ 468 000		
销货单位	名　　称：抚顺星光电机厂 纳税人识别号：2102402123456789 地 址 、电 话：抚顺市顺城区临江路 8 号 76940000 开户行及账号：工行顺城支行 05106121009876543-21					备注		

收款人：　　复核：　　开票人：田珏　　销货单位：（章）

托收凭证（受理回单）

委托日期 2009 年 10 月 3 日

<table>
<tr><td>业务类型</td><td colspan="6">委托收款（□邮划、□电划）　托收承付（□邮划、□电划）</td></tr>
<tr><td rowspan="3">付款人</td><td>全称</td><td colspan="3">大连机电公司</td><td rowspan="3">收款人</td><td>全称</td><td colspan="3">抚顺星光电机厂</td></tr>
<tr><td>账号</td><td colspan="3">8654321123456789</td><td>账号</td><td colspan="3">05106121009876543-21</td></tr>
<tr><td>地址</td><td>辽宁省大连市</td><td>开户行</td><td>工行沙河口办事处</td><td>地址</td><td>辽宁省抚顺市</td><td>开户行</td><td>工行顺城支行</td></tr>
<tr><td>金额</td><td colspan="5">人民币（大写）　肆拾陆万捌仟元整</td><td colspan="4">亿 千 百 十 万 千 百 十 元 角 分
　　￥ 4 6 8 0 0 0 0 0</td></tr>
<tr><td>款项内容</td><td>货款</td><td>托收凭据名　称</td><td></td><td>附寄单证张数</td><td colspan="5">壹张</td></tr>
<tr><td>商品发运情况</td><td colspan="3">已发货</td><td>合同名称号码</td><td colspan="5">1 009</td></tr>
<tr><td colspan="2">备注：验赁付款
复核　　记账</td><td colspan="3">款项收妥日期
年　　月　　日</td><td colspan="5">收款人开户银行签章
2009 年 10 月 3 日</td></tr>
</table>

2.3 日，采购发动机 20 个，单价 3 100 元，货款未付。

辽宁省增值税专用发票

No. 011 15884

发票联　　　　开票日期：2009 年 10 月 3 日

购货单位	名　　称：抚顺星光电机厂 纳税人识别号： 地 址 、电 话：抚顺市顺城区临江路 8 号 76940000 开户行及账号：工行顺城支行 05106121009876543-21						密码区	（略）
货物或应税劳务名称	规格型号	单位	数量	单价	金额	税率	税额	
发动机		个	25	3 100.00	77 500.00	17%	13 175.00	
合　计					￥77 500.00		￥13 175.00	
价税合计（大写）	玖万零陆佰柒拾伍元整						（小写）￥90 675.00	
销货单位	名　　称：鞍山达利发动机公司 纳税人识别号：21044038678880 地 址 、电 话：鞍山市鞍钢路 6 号 22448888 开户行及账号：工行鞍钢路支行 891643002107694125						备注	

收款人：　　复核：　　开票人：张小文　　销货单位：（章）

收　料　单

2009 年 10 月 4 日　　　　No. 045301

供货单位：鞍山达利发动机公司						实际成本										
编号	材料名称	规格	送验数量	实收数量	单位	单价	运杂费	金额								
								百	十	万	千	百	十	元	角	分
001	发动机		25	25	台	3 100				7	7	5	0	0	0	0
合　计									￥	7	7	5	0	0	0	0
备注：								附单据 1 张								

第二联 送会计部门

主管：　　会计：　　保管：冯大刚　　复核：　　验收：郭永刚

3.12 日，开出支票，发放职工工资。

中国工商银行　电子转账凭证

币种：人民币　　委托日期：2009 年 10 月 12 日　　凭证编号：210001 200K07897890

付款人	全　称	抚顺星光电机厂	收款人	全　称	批量代付
	账　号	05106121009876543-21		账　号	
	汇出地点	辽宁省抚顺市/县		汇入地点	省　市/县
汇出行名称		顺城支行	汇入行名称		
金额	人民币（大写）	贰拾陆万捌仟陆佰元整		亿千百十万千百十元角分	¥ 2 6 8 6 0 0 0 0
附加信息及用途：职工工资			支付密码		
银行盖章			根据中国工商银行抚顺星光电机厂客户 081201 号电子指令，上述款项已由本行支付 客户经办人员：1122　复核　记账		

特色业务工行顺城支行批量代付成功清单

机构代码：111222333　　机构名称：工行顺城支行　入账日期：2009 年 10 月 12 日

账　号	姓　名	金　额
436742000890101	王　红	2 900.00
436742000890102	李　杰	2 340.00
436742000890103	张四喜	1 780.00
（略）		
合　计		268 600.00

中国工商银行
转账支票存根

No. 01570052

附加信息

出票日期：2009 年 10 月 12 日

收款人：抚顺星光电机厂
金　额：268600
用　途：发放工资

单位主管：王红　　会计：

4. 14 日，收到南方机电公司前欠货款 5 20 000 元，存入银行。

托收凭证（汇款依据或收账通知）

委托日期：2009 年 10 月 9 日　　　　付款期限：2009 年 10 月 14 日

业务类型	委托收款（□邮划、□电划）				托收承付（□邮划、□电划）				
付款人	全称	南方机电公司			收款人	全称	抚顺星光电机厂		
	账号	09887184005154319				账号	05106121009876543-21		
	地址	广西省大新县	开户行	工行华美办事处		地址	辽宁省抚顺市	开户行	工商顺城支行
金额	人民币（大写）	伍拾贰万元整						亿 千 百 十 万 千 百 十 元 角 分	¥ 5 2 0 0 0 0 0 0
款项内容	货款	托收凭据名称			附寄单证张数	壹张			
商品发运情况	已发货		合同名称号码						
备注：验货付款 复核　记账	上列款项已划回收入你方账户内 收款人开户银行签章 2009 年 10 月 5 日								

5. 20 日，开出转账支票购买设备交给车间作为固定资产使用。

辽宁省增值税专用发票　　No. 01115884

发票联　　开票日期：2009 年 10 月 20 日

购货单位	名　　称：抚顺星光电机厂 纳税人识别号：21044038678880 地 址 、电 话：抚顺市顺城区临江路 8 号 开户行及账号：工行顺城支行 05106121009876543-21				密码区	（略）	
货物或应税劳务名称	规格型号	单位	数量	单价	金额	税率	税额
万能磨床		台	2	70 000.00	140 000.00	17%	23 800.00
合　计					¥140 000.00		¥23 800.00
价税合计（大写）	壹拾陆万叁仟捌佰元整						（小写）¥163 800.00
销货单位	名　　称：抚顺重型机械厂 纳税人识别号：210436789777778 地 址 、电 话：76940000 抚顺市黄河路 25 号 65433456 开户行及账号：工行黄河办事处 02100020041234567				备注		

收款人：　　复核：　　开票人：刘百万　　销货单位：（章）

中国工商银行
转账支票存根
No.01570051
附加信息

出票日期:2009年10月20日

收款人:抚顺重型机械厂	
金　额:163 800	
用　途:购货	

单位主管:王红　　会计:

6.22日,销售给抚顺财鑫锅炉厂电机5台,单价40 000元,款存入银行。

辽宁省增值税专用发票　No.0011850

记账联　开票日期:2009年10月22日

购货单位	名　　称:抚顺机电公司 纳税人识别号:210436789777111 地 址 、电 话:抚顺市抚东区西路25号 8290903 开户行及账号:工行长江办事处 02100020041234567				密码区	(略)	
货物或应税劳务名称	规格型号	单位	数量	单价	金额	税率	税额
电　机		台	5	40 000.00	200 000.00	17%	34 000.00
合　计					¥200 000.00		¥34 000.00
价税合计(大写)	贰拾叁万肆仟元整				(小写)¥234 000.00		
销货单位	名　　称:抚顺星光电机厂 纳税人识别号:21044038678880 地 址 、电 话:抚顺市顺城区临江路8号 76940000 开户行及账号:工行顺城支行 0510612100987654 3-21				备注		

收款人:　　复核:　　开票人:田珏　　销货单位:(章)

中国工商银行进账单(收账通知)3

2009 年 10 月 23 日

<table>
<tr><td rowspan="3">出票人</td><td>全　称</td><td>抚顺机电公司</td><td rowspan="3">收款人</td><td>全　称</td><td colspan="10">抚顺星光电机厂</td></tr>
<tr><td>账　号</td><td>080800012876543227</td><td>账　号</td><td colspan="10">05106121009876543-21</td></tr>
<tr><td>开户银行</td><td>工行新抚支行</td><td>开户银行</td><td colspan="10">工行顺城支行</td></tr>
<tr><td rowspan="2">金额</td><td rowspan="2">人民币
(大写)</td><td colspan="3" rowspan="2">贰拾叁万肆仟元整</td><td>千</td><td>百</td><td>十</td><td>万</td><td>千</td><td>百</td><td>十</td><td>元</td><td>角</td><td>分</td></tr>
<tr><td></td><td>¥</td><td>2</td><td>3</td><td>4</td><td>0</td><td>0</td><td>0</td><td>0</td><td>0</td></tr>
<tr><td>票据种类</td><td>支票</td><td>票据张数</td><td>壹</td><td colspan="11" rowspan="3">收款人开户银行签章</td></tr>
<tr><td>票据号码</td><td colspan="3"></td></tr>
<tr><td>复核</td><td colspan="3">记账</td></tr>
</table>

此联是收款人开户银行交给收款人的收账通知

7. 30 日,固定资产计提折旧。

使用部门	固定资产种类	原值	月折旧率	月折旧额
行政	房屋	5 000 000	4.75%	237 500
	设备	200 000	19%	38 000
	小计	5 200 000		275 500
车间	房屋	2 000 000	4.75%	95 000
	设备	900 000	19%	171 000
	小计	2 900 000		266 000
合　计		8 100 000		541 500

8. 30 日,分配 12 月份职工薪酬,行政人员 10 000 元,生产工人 135 000 元,车间管理人员 15 000 元。

9. 31 日,结转制造费用 281 000 元。

10. 31 日,结转已销电机的成本 260 000 元。

11. 31 日,结转损益类账户。

三、实训要求

1. 编制记账凭证。

2. 用记账凭证账务处理程序登记总账。

3. 用科目汇总表账务处理程序编制科目汇总表和登记总账。

第七章　财产清查

实训一　永续盘存制和实地盘存制

一、实训目的

熟悉永续盘存制和实地盘存制的计算。

二、实训资料

某公司2010年12月初甲材料结存数量为1 000千克,单价为10元。12月份甲材料收发情况如下:

1.8日,购进入库200千克,实际采购成本2 000元。

2.10日,生产领用300千克,实际成本3 000元。

3.15日,生产领用420千克,实际成本4 200元。

4.17日,购进入库250千克,实际采购成本3 500元。

5.20日,生产领用550千克,实际成本5 780元。

(发出材料成本采用先进先出法计算)

三、实训要求

1. 按永续盘存制登记甲材料明细账。

甲材料明细账(永续盘存制)

年		凭证号数	摘要	收入			发出			结存		
月	日			数量	单价	金额	数量	单价	金额	数量	单价	金额

2. 按实地盘存制登记甲材料明细账(假定月末实地盘点数量为 210 千克)。

甲材料明细账(实地盘存制)

年		凭证号数	摘要	收入			发出			结存		
月	日			数量	单价	金额	数量	单价	金额	数量	单价	金额

实训二 银行存款余额调节表

一、实训目的

练习编制银行存款余额调节表,进行银行存款清查。

二、实训资料

某公司 2010 年 12 月 31 日,企业银行存款日记账余额 70 000 元,银行对账单存款余额 84 000 元。该企业 12 月 31 日将企业银行存款日记账记录与银行送来的对账单核对以后,发现下列各项经济业务双方记录不符:

1. 银行代企业付水费 2 000 元,企业尚未记账。

2. 银行为企业代收销货款 26 000 元,企业尚未记账。

3. 银行代付电费 500 元,企业尚未记账。

4. 企业开出库存现金支票预付差旅费 600 元,持票人尚未到银行提取库存现金。

5. 企业开出转账支票 2 500 元支付培训费,银行尚未记账。

6. 企业收转账支票 12 600 元,已入账,尚未将支票送存银行。

三、实训要求

根据以上实训资料,编制银行存款余额调节表,并确定企业 12 月 31 日银行存款的实际结存额。

银行存款余额调节表

年 月 日 单位:元

项 目	金额	项 目	金额
企业银行存款日记账余额		银行对账单存款户余额	
加:企业未入账的收入款项		加:银行未入账的收入款项	
减:企业未入账的付出款项		减:银行未入账的付出款项	
调节后的存款余额		调节后的存款余额	

实训三 库存现金清查

一、实训目的

熟悉库存现金清查及其账务处理。

二、实训资料

某公司 12 月 31 日盘点库存现金,实存库存现金 1 500 元,库存现金日记账余额为 2 000 元。库存现金保险柜中有账外单据 5 张:

职工甲开出的白条借据 1 张,金额 350 元。

职工乙医药费用报销单据 2 张,金额 120 元。

职工丙市内交通费报销单据 2 张,金额 30 元。

上列各项中,白条借据 350 元应由出纳人员自行垫补,其余各项均责令出纳员补记入账。

三、实训要求

根据以上清查情况及处理意见做出会计分录。

实训四 存货和固定资产清查

一、实训目的

练习存货、固定资产清查结果的账务处理。

二、实训资料

某公司 12 月 31 日对存货和固定资产清查发现有关情况如下:

1. 库存 A 产品账面结存数量 2 000 件,单位成本 35 元,金额 70 000 元。实存 1 985 件,盘亏 15 件,价值 525 元。经查明系保管人员过失所致,经批准责令赔偿。

2. 甲材料账面结存数量250千克，每千克20元，金额5 000元，全部毁损，作为废料处理，计价100元。经查明由于自然灾害所致，其损失经批准作为非常损失处理。

3. 发现账外机器一台，估计原价8 000元，七成新，原因待查，经批准同意转销处理。

4. 乙材料账面结存数量120吨，每吨成本100元，价值12 000元，实存118吨，盘亏2吨，价值200元。经查明属于定额内损耗，经批准转销处理。

5. 丙材料账面结存数量300千克，每千克10元，价值3 000元；实存310千克，盘盈10千克，价值100元。经查明为收发计量差错原因造成，经批准转销处理。

三、实训要求

根据以上实训资料，编制存货和固定资产清查结果审批前后的会计分录。

第八章　财务会计报告

实训一　资产负债表的编制

一、实训目的

掌握资产负债表的编制方法。

二、实训资料

1. 滨海市红星公司 2010 年 12 月 31 日总账账户的期末余额(单位:元)如下:

资产科目	借或贷	余额	负债及所有者权益科目	借或贷	贷方余额
库存现金	借	3 000	短期借款	贷	181 000
银行存款	借	442 050	应付账款	贷	72 500
应收账款	借	73 000	预收账款	贷	7 000
坏账准备	贷	20 000	应付职工薪酬	贷	69 000
预付账款	借	35 000	应交税费	贷	250 100
生产成本	借	40 000	长期借款	贷	200 000
原材料	借	200 000	实收资本	贷	1 000 000
库存商品	借	240 000	盈余公积	贷	17 000
固定资产	借	1 272 000	利润分配	贷	138 450
累计折旧	贷	350 000			
合　计		1 935 050	合　计		1 935 050

2. 滨海市红星公司 2010 年 12 月 31 日明细账户的期末余额(单位:元)如下:

总账账户	明细账户	借或贷	余额	总账账户	明细账户	借或贷	余额
应收账款		借	73 000	应付账款		贷	72 500
	A 工厂	借	48 000		甲公司	贷	42 000

（续表）

总账账户	明细账户	借或贷	余额	总账账户	明细账户	借或贷	余额
	B公司	借	66 000		乙公司	贷	59 500
	C公司	贷	41 000		丙公司	借	29 000
预付账款		借	35 000	预收账款		贷	7 000
	D公司	借	52 000		F公司	贷	6 000
	E公司	借	17 000		G公司	贷	3 000
					H公司	借	2 000

三、实训要求

根据上述资料编制滨海市红星公司 2010 年 12 月 31 日的资产负债表。

资产负债表

会企 01 表

编制单位：　　　　　　　　　　年　　月　　日　　　　　　　　　　单位：元

资　产	期末余额	年初余额	负债和所有者权益（或股东权益）	期末余额	年初余额
流动资产：			流动负债：		
货币资金			短期借款		
交易性金融资产			交易性金融负债		
应收票据			应付票据		
应收账款			应付账款		
预付款项			预收款项		
应收利息			应付职工薪酬		
应收股利			应交税费		
其他应收款			应付利息		
存货			应付股利		
一年内到期的非流动资产			其他应付款		
其他流动资产			一年内到期的非流动负债		
流动资产合计			其他流动负债		
非流动资产：			流动负债合计		
可供出售金融资产			非流动负债：		
持有至到期投资			长期借款		
长期应收款			应付债券		
长期股权投资			长期应付款		
投资性房地产			专项应付款		
固定资产			预计负债		

（续表）

资　产	期末余额	年初余额	负债和所有者权益（或股东权益）	期末余额	年初余额
在建工程			递延所得税负债		
工程物资			其他非流动负债		
固定资产清理			非流动负债合计		
生产性生物资产			负债合计		
油气资产			所有者权益（或股东权益）：		
无形资产			实收资本（或股本）		
开发支出			资本公积		
商誉			减：库存股		
长期待摊费用			盈余公积		
递延所得税资产			未分配利润		
其他非流动资产			所有者权益（或股东权益）合计		
非流动资产合计					
资产总计			负债和所有者权益（或股东权益）总计		

实训二　利润表的编制

一、实训目的

掌握利润表的编制方法。

二、实训资料

滨海市红星公司 2010 年 12 月份有关损益类账户的发生额（单位：元）如下：

主营业务收入	1 630 000
主营业务成本	1 120 000
营业税金及附加	15 000
销售费用	9 000
管理费用	24 000
财务费用	12 000
其他业务收入	58 000
其他业务成本	34 000
营业外收入	16 000
营业外支出	7 000
所得税费用	120 750

三、实训要求

根据上述资料编制滨海市红星公司 2010 年 12 月份的利润表。

利润表

会企 02 表

编制单位：　　　　　　　　　　　　____年____月　　　　　　　　　　　　单位：元

项　　目	本期金额	上期金额（略）
一、营业收入		
减：营业成本		
营业税金及附加		
销售费用		
管理费用		
财务费用		
资产减值损失		
加：公允价值变动收益（损失以“－”号填列）		
投资收益（损失以“－”号填列）		
其中：对联营企业和合营企业的投资收益		
二、营业利润（亏损以“－”号填列）		
加：营业外收入		
减：营业外支出		
其中：非流动资产处置损失		
三、利润总额（亏损总额以“－”号填列）		
减：所得税费用		
四、净利润（净亏损以“－”号填列）		
五、每股收益		
（一）基本每股收益		
（二）稀释每股收益		

第九章 会计档案管理

实训 会计档案的交接与管理

一、实训目的

使学生熟知会计法规中关于会计工作交接的有关规定，熟悉会计工作交接的环节，明确会计工作交接的手续，熟练办理会计交接工作。

二、实训资料

2010年1月，某市财经委联合财政局派出检查组对国有大型企业宏大公司的会计工作进行检查。检查中了解到以下情况：

1.2009年1月，新任总经理范某将正准备考取会计资格证的刘某调入该厂会计科任出纳，兼管会计档案保管工作。

2.2009年1月6日，该公司档案科会同会计科编制会计档案销毁清册。经总经理范某签字后，按规定程序进行了监销。经查实，销毁的会计档案中有一些是保管期满但未结清的债权债务原始凭证。

3.2009年6月10日，经会计机构负责人张某批准，本公司档案管理部门的工作人员赵某将部分会计档案复制给丁企业。

4.2009年7月10日，宏大公司拟销毁一批保管期满的会计档案(其中包括两张未结清债权债务的原始凭证)，由总会计师王某在会计档案销毁清册上签署意见后，该批会计档案于7月14日销毁。

三、实训要求

指出以上资料中哪些行为不符合《会计档案管理办法》和《会计基础工作规范》的规定，并说明理由。

基础会计综合技能模拟实训

一、实训目的

学生通过全面、系统的实训，能够熟悉会计账务处理程序，提高填制和识别原始凭证、审核及编制记账凭证、登记会计账簿、编制会计报表的操作技能。在操作的过程中理解会计核算方法之间的相互联系。掌握企业会计核算方法与技能。

二、实训资料

企业名称：滨海市华星公司

纳税人识别号：3310820123

地址、电话：滨海市沿江路1号 46027722

开户行及账号：中国工商银行滨海市分行 301082

单位主管：赵方　会计：朱文　出纳：陈洁

生产产品：A产品、B产品

滨海市华星公司2010年12月1日总分类账户余额（单位：元）如下：

账户	借或贷	金额	账户	借或贷	金额
库存现金	借	170	短期借款	贷	22 000
银行存款	借	39 860	应付账款	贷	3 400
应收账款	借	4 600	应付职工薪酬	贷	300
其他应收款	借	270	应付利息	贷	80
原材料	借	7 200	长期借款	贷	34 000
库存商品	借	880 000	实收资本	贷	1 338 630
固定资产	借	586 000	盈余公积	贷	1 426
累计折旧	贷	75 000	未分配利润	贷	43 264

滨海市华星公司2010年12月1日有关明细分类账户余额（单位：元）如下：

"应收收款"明细分类账户余额

账户	借或贷	金额
白云工厂	借	3 200
蓝天工厂	借	1 400
合　计		4 600

"应付账款"明细分类账户余额

账　户	借或贷	金额
物资供应站	贷	2 100
抚顺钢厂	贷	900
松乐工厂	贷	400
合　计		3 400

"其他应收款"明细分类账户余额

账户	借或贷	金额
王艳	借	270

"原材料"明细分类账户余额

账户	单位	结　　存		
		数量	单价	金额
甲材料	千克	300	16	4 800
乙材料	千克	200	12	2 400
合　计				7 200

"库存商品"明细分类账户余额

账户	单位	结　　存		
		数量	单价	金额
A 产品	件	860	500	430 000
B 产品	件	3 000	150	450 000
合　计				880 000

该合同12月份发生以下经济业务：

1.1日，收到天水公司投资100 000元，存入银行。

收款收据

2010年12月1日　　　　No.1158945

交款单位	天水公司	交款方式	现金								第三联 会计联
人民币（大写）	壹拾万元整			十	万	千	百	十	元	角	分
				1	0	0	0	0	0	0	0
交款事由	投资款										

收款单位　　　　主管　　　　会计　　　　出纳 陈洁

中国工商现金缴款单

2010年12月1日　　　　第001号

存款单位全称	滨海市华星公司	账号	301082
款项来源	投资款	开户行	中国工商银行滨海市分行

人民币（大写）壹拾万元整	百	十	万	千	百	十	元	角	分
	¥	1	0	0	0	0	0	0	0

类别	张	金额									类别	张	金额								
		百	十	万	千	百	十	元	角	分			十	万	千	百	十	元	角	分	收款银行盖章
壹佰											伍角										工商银行滨海分行
伍拾											贰角										2010.12.1
贰拾											壹角										转讫
拾元											伍分										
伍元											贰分										收款
贰元											壹分										复核
壹元																					

2. 3日，向银行借入期限3个月的短期借款4 000元，存入银行。

中国工商银行借款凭证

2010 年 12 月 3 日

<table>
<tr><td>借款单位名称</td><td colspan="2">滨海市华星公司</td><td>借款账号</td><td colspan="3">301082</td><td colspan="2">结算号</td><td colspan="4">808</td></tr>
<tr><td colspan="5" rowspan="2">借款金额（大写）：肆仟元整</td><td>十</td><td>万</td><td>千</td><td>百</td><td>十</td><td>元</td><td>角</td><td>分</td></tr>
<tr><td></td><td>￥</td><td>4</td><td>0</td><td>0</td><td>0</td><td>0</td><td>0</td></tr>
<tr><td>借款种类</td><td>生产周转</td><td>借款期</td><td colspan="2">2010 年 12 月 3 日</td><td colspan="3">归还日期</td><td colspan="5">2010 年 4 月 2 日</td></tr>
<tr><td colspan="3">上述款项已存入借款单位账户</td><td colspan="10">复核　记账
银行盖章
工商银行滨海支行
110606777457235</td></tr>
</table>

3. 4 日，从银行存款中提取现金 6 000 元。

中国工商银行
现金支票存根

支票号码：5570494

科目：________

对方科目：________

出票日期：2010 年 12 月 4 日

收款人：滨海市华星公司	
金　额：￥6 000.00	
用　途：备用	

单位主管：赵方　会计：朱文

4. 5 日，以银行存款 1 800 元偿还物资供应站货款。

中国工商银行
转账支票存根

支票号码：5570497

科目：________

对方科目：________

出票日期：2010 年 12 月 5 日

收款人：物资供应站	
金　额：￥1 800.00	
用　途：还欠款	

单位主管：赵方　会计：朱文

5.6 日，银行转来委托收款凭证的收款通知联一张，收到白云工厂还来的货款 2 500 元，存入银行。

委托收款凭证（收款通知）

委托号码：189

委托日期 2010 年 12 日 1 号　　　　付款期限 2010 年 12 月 6 日

付款人	全　称	白云工厂	收款人	全　称	滨海市华星公司							
	账　号	5433		账　号	301082							
	开户银行	工行滨海市分行		开户银行	中国工商银行滨海市分行	行号	88767					
委托金额	人民币（大写）：贰仟伍佰元整				十	万	千	百	十	元	角	分
						¥	2	5	0	0	0	0
销货款	委托收款凭证名称		寄单		附证张数	壹张						
备注：			上列款项已全部划回收入你方账户 收款人开户行盖章： 2010 年 12 月 6 日									

工商银行
滨海分行
2010.12.6
转讫

6.7 日，以银行存款 1 500 元归还到期的银行短期借款。

中国工商银行
转账支票存根

支票号码：5570498

科目：________________

对方科目：________________

出票日期：2010 年 12 月 7 日

收款人：工行滨海支行
金　额：¥1 500.00
用　途：还借款

单位主管：赵方　会计：朱文

7.8 日，车间主任宋平借差旅费 3 000 元，以现金支付。

借 款 单

No. 20001067

日期：2010 年 12 月 8 日　　　　第　　号

借款人	宋平	部门	一车间
借款金额	人民币(大写)：叁仟元整	¥3 000.00	
借款事由	出差预借差旅费		
审批人意见： 同意借支，返回报销。 郭朝阳 2010 年 12 月 8 日		备注：	

现金付讫

主管：　　会计：　　复核：　　出纳：陈 洁

8. 9 日，以现金 1 200 元，购进办公用品一批，其中厂部用 900 元，车间用 300 元。

滨海市商业销售发票

发 票 联

全国统一发票监制章 国家税务总局监制

开票日期：2008 年 12 月 10 日　　　　No. 00379394

客户名称	滨海市华星公司			税务登记代码	3310820123							
品名	规格	单位	数量	单价	金额							备注
					万	千	百	十	元	角	分	
水笔		支	50	2.00		¥	1	0	0	0	0	
账簿		[illegible]	50	8.00		¥	4	0	0	0	0	
计算器		台	7	700		¥	7	0	0	0	0	
金额合计(大写)	壹仟贰佰零拾零元零角零分				¥	1	2	0	0	0	0	
销售单位	加盖财务专用章或发票专用章		开户银行			结算方式						
			账号			电话						

第二联 发票联

现金付讫

滨海市文化用品商店 678436777423476 发票专用章

开票地址：　　开票人：马 丽　　收款人：李 颖

9. 9 日，向滨海市仁达公司购进甲材料 400 千克，单价 15 元，价款 6 000 元，增值税 1 020 元，合计 7 020 元，以银行存款支付，材料未到。

辽宁省增值税专用发票

发　票　联

（全国统一发票监制章　国家税务总局监制）

开票日期：2010 年 12 月 9 日　　　　No. 0038656

购货单位	名　　称：滨海市华星公司 纳税人识别号：3310820123 地 址、电 话：滨海市沿江路 1 号 46027722 开户行及账号：中国工商银行滨海市分行 301082	密码区	

货物或应税劳务名称	计量单位	数量	单价	金额	税率	金额
甲材料	千克	400	15	6 000.00	17%	￥1 020.00
合计				￥6 000.00		￥1 020.00
价税合计（大写）	⊗柒仟零贰拾元整			（小写）￥：7 020.00		

销货单位	名　　称：滨海市仁达公司 纳税人识别号：1233444555666 地 址、电 话：滨海市继光路 50 号 46027632 开户行及账号：中国工商银行滨海市分行 302768	备注	（滨海市仁达公司　210606777457234　发票专用章）

第二联：发票联　购货方记账凭证

收款人：　　　复核：　　　开票人：马华　　　销货单位：（章）

中国工商银行
转账支票存根

支票号码：5570491

科目：________

对方科目：________

出票日期：2010 年 12 月 9 日

收款人：滨海市仁达公司
金　额：￥7 020.00
用　途：货款

单位主管：赵方　　会计：朱文

10. 9 日，以银行存款 400 元支付上述材料的运杂费。

滨海市工商业统一发票

全国统一发票监制章
国家税务总局监制

客户名称：滨海市华星公司　　2010 年 12 月 9 日　　No:14223336767

项　目	单位	数量	单价	金　额									备注
				佰	十	万	仟	佰	拾	元	角	分	
运杂费								4	0	0	0	0	
合计人民币（大写）	肆佰元整						¥	4	0	0	0	0	

滨海市搬运公司
690606777451235
发票专用章

收款人：　　开票人：张 文　　收款单位（盖章）：

11. 10 日，上述采购材料运回并验收入库，计算并结转其实际采购成本。

验收单（收料单）

供应单位：滨海市仁达公司　　收料仓库：01

发票号码：26789045　　2010 年 12 月 10 日　　第 792 号

材料编号	材料名称	规格	单位	数　量		金　额			
				应收	实收	单价	买价	运费	成本
	甲材料		千克	400	400	15	6 000.00	400	6 400.00
合　计				400	400	15	6 000.00	400	6 400.00

仓库负责人：田 力　　经办人：　　收料人：张 忠

12. 11 日，生产领用材料。

领料凭证汇计算汇总表

2010 年 12 月 11 日

用　　途	甲材料(单价 16 元)		乙材料(单价 12 元)		合计
	耗用量/千克	金额/元	耗用量/千克	金额/元	
A 产品生产	300	4 800	150	1 800	6 600
B 产品生产	100	1 600			1 600
车间一般耗用			20	240	240
厂部一般耗用			10	120	120
合　　计	400	6 400	180	2 160	8 560

仓库负责人:田 力　　经办人:　　收料人:　　制表:李 强

13. 12 日,财务科王艳报销差旅费 220 元,退回现金 50 元。

差旅费报销单

报销日期:2010 年 12 月 12 日

部门	财务科	出差人	王艳		事由	到沈阳办事				
出差日期	起止地点	飞机	火车	汽车	市内交通费	住宿费	补助费	电话费	合计	单据
11 月 30 日	滨海至沈阳		28		42	100	50		220	16
合　　计										
报销金额	人民币(大写):贰佰贰拾元整						¥220.00			
原借款	¥270.00	报销额	¥220.00		应退还	¥50	应找补			
财会审核意见	已审核 李林	审批人意见	同意报销 郭朝阳							

主管:　　会计:　　出纳:陈 洁　　报销人:王 艳

收款收据

2008 年 12 月 5 日　　　　№. 1158945

交款单位	王艳	交款方式	现金								
人民币（大写）	伍拾元整		十	万	千	百	十	元	角	分	
						¥	5	0	0	0	
交款事由	收回出差借支款										

现金付讫

第三联 会计联

收款单位：　　主管：　　会计：　　出纳：陈 洁

14. 13 日，车间主任宋平报销差旅费 3 100 元，冲销预借差旅费 3 000 元补付现金 100 元。

差旅费报销单

报销日期：2010 年 12 月 13 日

部门	一车间	出差人	宋平		事由	到大连出差				
出差日期	起止地点	飞机	火车	汽车	市内交通费	住宿费	补助费		合计	单据
12 月 9 日	滨海至大连		480		120	1 200	1 300		3 100	18
合　计										
报销金额	人民币（大写）叁仟壹佰元整					¥3 100.00				
原借款	¥3 000.00	报销额	¥3 100.00		应退还			应找补	¥100	
财会审核意见	已审核 李林	审批人意见	同意报销 郭朝阳							

主管：　　会计：　　出纳：陈 洁　　报销人：宋 平

付款凭证

2010年12月13日 №.1158945

领款人	宋平	领款方式	现金
人民币（大写）	壹佰元整		十 万 千 百 十 元 角 分 1 0 0 0 0
付款事由	报销借支款		

现金付讫

第三联 会计联

收款单位： 主管： 会计： 出纳：陈洁

15. 14日，发放本月职工工资15 800元，分别打入各位员工的银行卡中。

中国工商银行
转账支票存根

支票号码：5570492
科目：________
对方科目：________
出票日期：2010年12月14日

收款人：
金　额：¥15 800.00
用　途：工资款

单位主管：赵方　会计：朱文

16.16日，销售A产品600件，单价800元，价款480 000元，增值税81 600元；销售B产品1 500件，单价300元，价款450 000元，增值税76 500元，合计1 088 100元，存入银行。

辽宁省增值税专用发票

记 账 联

全国统一发票监制章 国家税务总局监制

No. 0028637

开票日期:2010 年 12 月 16 日

购货单位	名　　称:大兴公司 纳税人识别号:5656667777 地 址、电 话:滨海市泥塘路 60 号 46028846 开户行及账号:中国工商银行滨海市分行 301256	密码区	

货物或应税劳务名称	计量单位	数量	单价	金额	税率	金额
A 产品	件	600	800	48 000.00	17	81 600.00
B 产品	件	1 500	300	450 000.00		76 500.00
合计				¥930 000.00		¥158 100.00
合　　计						
价税合计(大写)	⊗壹佰零捌万捌仟壹佰元整			（小写）¥:1 088 100.00		

销货单位	名　　称:滨海市华星公司 纳税人识别号:3310820123 地 址、电 话:滨海市沿江路 1 号 46027722 开户行及账号:中国工商银行滨海市分行 301082	备注	滨海市仁达公司 2106067774574234 财务专用章

收款人:　　　复核:　　　开票人:张丽红　　　销货单位:(章)

第一联:记账联 销货方记账凭证

中国工商银行 进账单(收款通知)

No. 37537761

2010 年 12 月 16 日

付款人	全称	大兴公司	收款人	全称	滨海市华星公司
	账号	301256		账号	301082
	开户银行	中国工商银行滨海市分行		开户银行	中国工商银行滨海市分行

人民币(大写)	百	十	万	千	百	十	元	角	分
壹佰零捌万捌仟壹佰元整 ¥	1	0	8	8	1	0	0	0	0

票据种类		工商银行 滨海分行 2010.12.16 转讫 收款单位开户行盖章

17. 18日,以现金750元支付产品销售运杂费。

付款凭证

No.20001028

日期:2010年12月18日　　第　号

领款人	李阳	部门	搬运工
领款金额	人民币(大写):柒佰伍拾元整		¥750.00
领款事由	销售产品搬运费		
审批人意见: 同意支付。 郭朝阳 2010年12月18日		备注: 现金付讫	

第三联 记账联

主管:　　会计:　　复核:　　出纳:陈洁

18. 31日,结算本月工资费用。

工资结算汇总表

2010年12月31日　　单位:元

车间部门名称		标准工资	扣款项目	应付工资	扣房租	实发工资
一车间	A产品生产工人			8 000.00		8 000.00
	B产品生产工人			6 000.00		6 000.00
	管理人员			700.00		700.00
厂部管理人员				1 100.00		1 100.00
合　计				15 800.00		15 800.00

19. 30日,计提固定资产折旧5 860元。

固定资产折旧计算表

2010年12月31日　　单位:元

项　目	固定资产原值	折旧率	固定资产折旧额
生产车间	53 200.00	5%	2 660.00
行政管理部门	37 720.00	5%	1 886.00
合　计	90 920.00		4 546.00

制单:　　复核:

20. 31 日，根据"制造费用"总分类账户的记录，按生产工人工资比例分配本月制造费用。

制造费用分配表

年　　月　　日

分配对象	分配标准(生产工人工资)	分配率	分配额
A产品			
B产品			
合　计			

制单：　　　　　　　　　　复核：

21. 31 日，根据"生产成本"明细分类账户的记录，A 产品 50 件，B 产品 80 件全部完工，计算本月完工入库产品的实际生产成本。

产品成本计算表

年　　月　　日

成本项目	A产品(50件)		B产品(80件)	
	总成本	单位成本	总成本	单位成本
材料费用				
工资及福利费				
制造费用				
合　计				

22. 31 日，结转本月销售产品的实际生产成本(A 产品销售成本是 500 元/件、B 产品 150 元/件)。

产成品发出汇总表

年　　月　　日

品名	数量/件	单位成本	总成本
A产品			
B产品			
合　计			

23. 31日，经上级批准，把无法支付的松乐工厂货款400元列作营业外收入。

24. 31日，计算本月应交城市维护建设税、教育费附加及地方教育费附加（税率分别是5%、3%、1%）。

营业税金及附加计算表

2010年12月31日

项　目	计税依据	税率	应纳税额
城市维护建设税		5%	
教育费附加		4%	
合　计			

注：应纳税额＝（增值税＋消费税＋营业税）×适用税率

25. 31日，预提银行短期借款利息80元。

26. 31日，将各项损益结转到"本年利润"账户。

损益类账户收入类发生额汇总表

2010年12月31日

项　目	本月发生额
主营业务收入	
其他业务收入	
营业外收入	
收入合计	

损益类账户费用类发生额汇总表

2010年12月31日

项　目	金额	项　目	金额
主营业务成本		财务费用	
营业税金及附加		销售费用	
其他业务成本			
管理费用		费用合计	

27. 31 日，按本月应纳税所得额的 25%计算并结转应交所得税。

应交所得税计算表

2010 年 12 月 31 日

本月应纳税所得额(本月利润总额)	税率	税额

复核(名章) 制表(名章)

28. 31 日，将实现的净利润结转到“利润分配”账户。

29. 31 日，按净利润的 10%提取法定盈余公积。

法定公积金计提表

2010 年 12 月 31 日

项　目	全年税后利润	提取比例	提取金额
法定盈余公积金			

主管 会计 复核 制单

30. 31 日，结转已分配利润。并计算出未分配利润。

三、实训要求

根据以上资料完成下列会计核算工作。

1. 编制记账凭证。
2. 登记现金日记账和银行存款日记账。
3. 登记明细账。
4. 编制产品成本计算单。
5. 编制科目汇总表。
6. 根据科目汇总表登记总分类账。
7. 对账。
8. 编制资产负债表和利润表。

四、实习材料准备

1. 记账凭证
2. 科目汇总表
3. 总账、现金日记账、银行存款日记账、数量金额式明细账、三栏式明细账、多栏式明细账、应交税费——应交增值税明细账

4.资产负债表、利润表

5.记账凭证封皮、线绳、凭证包角、胶水、装订机、大头针、曲别针

五、评价标准

1. 实训态度：占总分30%，要求学生遵守纪律，按时上下课，态度积极，独立完成，工作作风严谨。

2. 实训质量：占总分70%，要求学生完成实训要求的工作任务，准确填制和识别原始凭证、审核及编制记账凭证、登记会计账簿、编制会计报表。操作规范，文字及数字书写规范，会计资料装订、保管规范。

参考文献

[1] 银样军. 基础会计. 长沙：中南大学出版社，2008.

[2] 陈国辉. 基础会计. 北京：清华大学出版社，2009.

[3] 吉文丽，陆红霞. 会计基础实训. 北京：清华大学出版社，2010.

[4] 赵宝芳. 新编基础会计. 北京：中国农业出版社，2005.

[5] 赵宝芳. 新编基础会计技能训练. 北京：中国农业出版社，2005.

[6] 陈兴滨. 会计原理. 北京：高等教育出版社，2004.

[7] 葛军，李文杰. 会计学原理实训. 北京：高等教育出版社，2004.

[8] 郭惠云. 基础会计. 大连：东北财经大学出版社，2001.

[9] 王敏. 基础会计习题与解答. 大连：东北财经大学出版社，2001.

[10] 贾永海. 会计原理. 北京：高等教育出版社，2000.

[11] 财政部会计资格评价中心. 初级会计实务. 北京：中国财政经济出版社，2007.

[12] 张志凤. 初级会计实务. 北京：北京大学出版社，2011.

[13] 朱萍，刘红霞. 收入、利润核算技能与案例. 北京：中国财政经济出版社，2003.

[14] 财政部会计准则委员会. 企业会计准则体系 2006. http://www.casc.gov.cn/kjfg/200607/t20060703_337130.htm.

[15] 上海证券报. 谁来为东方电子（000682）"埋单". 2002-04-30. 泰阳证券网. http://www.sunsc.com.cn/stock/tips/000682/.

[16] 中国证券报. 东方电子　一个绩优神话的来龙去脉. 2002-12-04. 泰阳证券网 http://www.sunsc.com.cn/stock/research/000682/.

[17] 中国注册会计师协会. 会计. 北京：中国财政经济出版社，2007.